AEONA

Herzensliebe leben

HERZENS-
LIEBE LEBEN

Bewusstsein der neuen Zeit

AEONA

///////////////// SILBERSCHNUR /////////////

© Copyright Verlag »Die Silberschnur« GmbH

ISBN: 978-3-89845-281-6

1. Auflage 2009

Gestaltung & Satz: XPresentation, Boppard
Titelbilder: AEONA®
Druck: Finidr, s.r.o. Cesky Tesin

Verlag »Die Silberschnur« GmbH
Steinstraße 1 · D-56593 Güllesheim
www.silberschnur.de · E-Mail: info@silberschnur.de

INHALTSVERZEICHNIS

EINLEITUNG

$\mathcal{D}$ieses Buch habe ich für eine wunderbare Seele geschrieben: für dich! Ich widme es der Schöpferliebe, die in deinem Herzen wohnt. Alles, was hier steht, weißt du bereits, denn dieses Wissen ist seit Anbeginn tief in deinem göttlichen Bewusstsein verankert. Meine Worte möchten dich einfach liebevoll berühren und dich daran erinnern, wer du bist, um mit dir gemeinsam den Weg der Herzensliebe zu unserer lichtvollen Urquelle zu gehen.

Als ich an dem Herzkartenset "Herzensliebe" gearbeitet habe, fühlte ich tief in mir den Wunsch, mehr über diese Schöpferliebe zu erfahren. Was ist bedingungslose wahre Liebe, und was ist der Sinn des Lebens?

Viele Fragen stellten sich mir, und dann geschah etwas, was mich überrascht hat. Neben dem Malen der Bilder und dem Entwickeln der spirituellen Weisheiten fühlte ich plötzlich Antworten auf meine Fragen, und mir wurde vieles bewusst. Vor meinem geistigen Auge wurde ein Schleier nach dem anderen weggezogen, und ich erhielt freie Sicht, um erkennen und wahrnehmen zu können - und ich begann, alles aufzuschreiben.

Mit diesem Buch möchte ich dir ganz liebevoll und zart kleine Impulse vermitteln und dich an etwas Wunderbares erinnern: Das Wissen von der bedingungslosen und wahren Liebe ist in allen Menschenherzen enthalten und wartet nur darauf, in dein Bewusstsein zu gelangen. Dort angekommen, wird es dich an deine Lebensaufgabe und an deine wahre Göttlichkeit erinnern. Du wirst spüren, wie sehr du mit deinem Höheren Selbst und deinem lichtvollen Ursprung verbunden bist.

Nun lass uns die Wanderschuhe anziehen und diesen wunderschönen, lebendigen sowie lichtvollen Weg der Herzensliebe gemeinsam gehen. Ich freue mich darauf, dich begleiten zu dürfen und wünsche uns viel Freude, Erfüllung und ewiges Glück.

In Liebe AEONA

Es war einmal ...

... eine paradiesische Heimat, in der ewige Liebe, ewiges Licht, unbegrenzte Freiheit, Schönheit und Harmonie sowie Vollkommenheit und ewiger Frieden wohnten – und weiterhin dort wohnen.

Aus diesem lichtvollen Paradies der Einheit zogen einst die Seelen hinaus in die weiten Welten und Sphären, um Erfahrungen zu sammeln. Sie durften sich verschiedene Ziele für ihre Schulungen aussuchen, und so wählten sie zwischen Universen, Galaxien und Planeten aus. Da gab es einen Planeten, auf dem man sehr schnell und erfolgreich lernen konnte, und viele ehrgeizige Seelen entschieden sich somit für die Erde. Doch bevor sie ihre göttliche Heimat verließen und zur Schulung aufbrachen, bekamen sie noch ein Geschenk mit auf ihren Weg. Sie erhielten neben ihrem freien Willen und der Schöpfergabe den göttlichen Funken des ewigen Lichtes, durch welchen sie sich immer und überall mit ihrer paradiesischen Ursprungsheimat und der Schöpferliebe verbinden können.

Damit dieses kostbare Geschenk auf ihren abenteuerlichen Reisen durch die irdischen Sphären nicht verloren geht, wählte der Schöpfer einen ganz sicheren Platz aus. Er pflanzte es ihnen mitten in ihre Herzen ein. Hier schien das ewige Licht der Liebe gut beschützt zu sein, und niemand würde es je auslöschen können. Der göttliche Funke diente zudem auch als Kontrolllicht, denn schließlich sollte keine Seele verloren gehen.

Der Einbau des speziellen Funkgerätes wurde abgeschlossen, und dann war es so weit. Die Seelen verabschiedeten sich von ihren geistigen Familien, packten ihren freien Willen in den Rucksack und zogen mit ihrem liebevollen Funken im Herzen hinaus in die abenteuerlichen Sphären und Welten. Jede steuerte ein anderes Ziel oder Land an. Ganz egal, wie weit sie sich von der Einheit entfernen würden, sie waren ganz zuversichtlich, dass die Verbindung zu ihrer Ur-Heimat nie abreißen würde. Durch ihr "Kontaktgerät" war es ihnen möglich, sich jederzeit mit dem Ursprung, den geistigen Familien und den lichtvollen Freunden zu verbinden, von denen sie liebevolle Unterstützung,

Trost, Heilung, Licht und Liebe und viele wertvolle Tipps für ihren Schulungsweg erhielten.

Kurze Zeit später meldeten sich schon die ersten Reisenden von ihrem neuen Ziel und berichteten von Erlebnissen, die nicht immer schön, sondern mitunter auch beschwerlich und sehr anstrengend waren. Und so steuerten einige wieder die lichtvolle Heimat an, um sich für eine Weile auszuruhen und zu regenerieren. Doch nach dieser Ruhephase wurden sie wieder von der Reiselust gepackt. Sie überlegten, welche Lektionen sie bei einem erneuten Erdenaufenthalt lernen wollten, und so beratschlagten sie sich mit ihren geistigen Freunden und dem himmlischen karmischen Rat, welches Land für die neu gestellte Aufgabe das beste sein würde. Auch die passenden Eltern und das geeignete Geschlecht wählten sie aus, ebenso die Freunde und Geschwister, den Partner, den Beruf und das Umfeld mit den entsprechenden Schwierigkeiten und Herausforderungen.

Jetzt war es wieder so weit. Wie vor jeder neuen Inkarnation wurde ihnen der Mantel der Vergessenheit umgelegt, damit sie ganz unbeeinflusst von alten Erlebnissen ihren neuen Erdenaufenthalt antreten konnten. Allerdings barg dieser Mantel auch

einige Gefahren in sich, denn durch die Verlo-
ckungen der Grobstofflichkeit könnten viele
abgelenkt werden, so dass sie sich nicht mehr an
ihre Göttlichkeit erinnern.

Viele Seelen haben sich aber erinnert und fühlen, dass sie in Wirklichkeit ein Geistwesen in einem Körper sind. Sie wissen auch, was ihr Le-
bensplan ist und warum sie wieder auf die Erde
kamen. Doch die meisten inkarnierten Menschen
erinnerten sich nicht mehr an das Geschenk in ihrem Herzen, und so brach der Kontakt mit ihren
Lichtfreunden gänzlich ab. Ohne Identität, ohne
Bewusstsein, Trost und göttliche Liebe, ohne Erkenntnis und ohne Ziel irrten sie über diese Erde
und ... irren noch immer herum.

Die geistigen Freunde und Familienmitglieder
dieser Seelen würden ihren Lieben gerne helfen,
aber sie dürfen nicht in den freien Willen ein-
greifen. So hoffen sie, dass sich die Seelen erinnern mögen an ihren lichtvollen Ursprung, an die
grenzenlose Liebe, an die Glückseligkeit und an
ihre Vollkommenheit in der Einheit. Die "Erinnerungen" und das "Erwachen" können durch viele Ereignisse geschehen. Vielleicht durch ein Buch
mit einem zarten Hinweis wie diesem:

Hallo, ihr lieben Seelen auf der Erde ...

... ich darf euch ganz liebevoll mit einer herzlichen Umarmung von euren Lichtfreunden und wahren Familien grüßen. Ich soll euch sagen, dass sie sich über ein Zeichen von euch sehr freuen würden. Sie möchten euch gerne helfen und mit Trost und Liebe in diesen schwierigen Zeiten beistehen. Wie gerne würden sie euch in den Arm nehmen, mit euch lachen und weinen und euch sagen, dass sie immer für euch da waren und auch immer für euch da sein werden, egal was passiert.

Sie bitten mich, euch zu sagen, wo euer Navigationsgerät ist, denn das werdet ihr brauchen, wenn ihr mit ihnen Kontakt aufnehmen möchtet. Also: Das spezielle Funkgerät der Marke "Lebendige Herzensliebe" ist ein kleiner Funke in eurem Herzen, den ihr entzünden müsst, um Kontakt aufzunehmen. Wenn die Flamme lodert, dann könnt ihr Fragen an eure Lieben stellen, Antworten erhalten und ihr seid in der Geborgenheit eurer wahren lichtvollen Heimat angekommen.

Eigentlich ganz einfach, oder? Versucht es mal, denn sie haben wichtige Botschaften für euch und hoffen, dass es mit der Kontaktaufnahme bald klappt. Ich glaube jedenfalls ganz fest daran und wünsche es euch von ganzem Herzen.

Herzensliebe ist in jedem
Menschenherzen verankert.
Sie schlummert und wartet darauf,
entfacht zu werden.

VON DER EINHEIT
IN DIE POLARITÄT

*Auf dieser Erde existiert
die göttliche Einheit in zwei Teilen,
was als Polarität sichtbar ist.*

*Der Blick der Trennung
nimmt Unvollkommenheit wahr.
Der Blick der Einheit sieht
den Ursprung.*

In den göttlichen Reichen waren wir ein strahlendes androgynes Wesen. Wir lebten ohne Zeit und Raum im ewigen Licht und mit grenzenloser Schöpferliebe in Reinheit, Schönheit, Frieden, Harmonie und Vollkommenheit. Unsere Heimat war das Schöpferparadies der göttlichen bedingungslosen Liebe, der grenzenlosen Freiheit und die Quelle des ewigen Lichtes. Sie ist der zeitlose göttliche Ursprung der Ewigkeit und allen Seins.

Durch das Verlassen unserer himmlischen Sphären und mit dem Eintritt in die irdische Welt tauschten wir das WIR-Bewusstsein unserer heimatlichen Einheit gegen das ICH-Bewusstsein der irdischen Polarität aus, um das "Getrenntsein von Gott" bewusst wahrnehmen, spüren und erleben zu können.

Aus der Androgynität gingen zwei Geschlechter hervor, Mann und Frau, Yin und Yang, und das ewige Licht der Einheit wurde in Tag und Nacht aufgeteilt, in Hell und Dunkel, Licht und Schatten. So entstand aus der Einheit eine Zweiheit, eine Polarität und dadurch die Dualität.

*Hinter jeder Fassade der
Andersartigkeit liegt die immerwährende
Vollkommenheit des Ursprungs.*

In allem, was existiert, einfach die Vollkommenheit der Göttlichkeit wahrnehmen – das wäre schon das Geheimnis unseres Erdenaufenthaltes. Und es wäre für uns im Prinzip auch ganz leicht, gäbe es da nicht den Schleier des Vergessens ...

Die Einheit ist einfach,
denn sie hat nur "ein Fach".

In der Polarität gibt es zwei Fächer. Deshalb ist es auf der Erde mit dem Sortieren und den Entscheidungen auch komplizierter. Unser dualistisches Wertesystem teilt die Polaritäten wie Mann und Frau, heiß und kalt, Ebbe und Flut, Herz und Verstand, Tag und Nacht, Berg und Tal usw. noch zusätzlich in "besser" oder "schlechter" ein, obwohl sie nur anders sind.

Die Erde ist der Planet der Trennung.

Durch die Abspaltung von dem göttlichen Prinzip UR entwickelten die Menschen eines ihrer Lieblingshobbys: Die Ver-UR-Teilung. Bei jeder Verurteilung wird erneut geteilt und getrennt statt zusammengefügt. Dies ist für alle Seelen, die den Weg zur Herzensliebe und somit zur Einheit anstreben, eine große Herausforderung und Lernaufgabe. Es ist so, als würden wir mit dem Auto mit angezogener Handbremse bergauf fahren und uns wundern, dass wir nicht vorankommen.

Herzensliebe kennt keine Polarität.
Alles wurde vom Schöpfer zweigeteilt und getrennt, bis auf die Liebe. Sie ist und bleibt einmalig. Für sie gibt es keinen Gegensatz, keine Polarität. Sie ist das Symbol der Einheit und existiert nur einmal. Eigentlich ganz "ein-fach". Das ist auch der Grund, warum es so schwer ist, das Einfache der Einheit hier auf der Erde der Polarität und Dualität anzuerkennen und anzunehmen.

In unserem Herzen ist eine große Sehnsucht nach dieser einen wahren Liebe der Einheit und unserem verloren gegangenen Teil. Wir suchen ihn im Außen, im DU. Wir suchen im Partner nach dem fehlenden Teil, nach der anderen Hälfte, nach unserer Ergänzung. Aber die Ganzheit ist im Außen nicht zu finden. Und so sind wir weiter auf der Suche nach etwas, das wir verloren haben.

WARUM SIND WIR AUF DER ERDE? DIE SUCHE NACH DEM SINN DES LEBENS

Wer suchet, der findet.

Wir befinden uns in einem neuen Zeitalter, dem Wassermann-Zeitalter. Durch die permanente Bewusstseinserweiterung erhöhen sich auch die Schwingungen. Alles schwingt schneller, selbst das Echo. Vor 30 Jahren brauchte es 2 Sekunden bis zur Rückkehr, vor 10 Jahren 1,95 Sekunden, und heute sind es nur noch 1,7 Sekunden.

So gut wie jeder von uns spürt, dass die Zeit schneller vergeht. Kaum ist der Sonntag vorbei, ist es schon wieder Sonntag. Der Tag vergeht schneller, die Wochen rasen dahin und somit auch die Jahre. Und plötzlich haben wir den Zenit des Lebens überschritten und befinden uns im letzten Lebensabschnitt. Doch bevor wir diese Erde wieder verlassen, sollten wir uns ein paar Fragen stellen:

- Warum sind wir auf die Erde gekommen?
- Was wollen wir hier?
- Wer sind wir?
- Was ist der Sinn des Lebens?
- Welche Lebensaufgabe wollten wir hier ausüben?

Viele Fragen und keine Antwort in Sicht, oder doch? Denken wir an das Echo. Es kehrt schneller zurück, und auch auf unsere Fragen erhalten wir schneller eine Antwort ...

Jede Seele wählte sich ihr Leben selbst aus.
Vor unserer Geburt auf dieser Erde wählten wir mit unseren geistigen Freunden ein Geschlecht und ein Land aus, ebenso eine Berufung. Natürlich suchten wir uns auch unsere Eltern und sogar unseren Taufnamen aus. Wir wollten mit dieser neu gewählten Identität alles Vergangene loslassen und uns aufs Neue bewähren. Jede Seele suchte sich bestimmte Lernaufgaben für diese Inkarnation aus, die sie letztendlich zu ihrem großen Endziel aller Inkarnationen führen wird.

Lektionen des Lernens

Während sich einige Seelen die Erfahrungen von Schmerzen und Leiden auswählen, um das Mitfühlen zu erlernen, wählen andere das gleiche Programm aus, um etwas wieder zu bereinigen. Vielleicht hatten sie in einem vorigen Leben anderen Personen wehgetan und sind deshalb wieder auf die Erde gekommen, um dies auszugleichen.

Möchte der Mensch Demut, Hingabe und Nächstenliebe lernen, so kann es möglich sein, dass er sich für Probleme, Krankheiten oder Armut entscheidet. Alle Ereignisse haben einen tiefen Grund, den wir nicht deuten und erklären können.

Keiner von uns kann erkennen, welches Programm sich ein anderer Mensch für dieses Erdenleben ausgesucht hat – das wissen nur die Seele, ihre himmlischen Helfer und Gott.

Möge die Suche nach dem Sinn des Lebens für jeden von uns eine Erkenntnis bereithalten, die sein Leben bereichert und zu Erfüllung und Glückseligkeit führt.

Die Frage nach dem Sinn des Lebens stellen sich immer mehr Menschen in unserer hektischen Zeit, die kaum noch Spielraum zum Nachdenken oder zur Besinnung und inneren Einkehr lässt. Warum rackert man sich ab, und wofür und für wen macht man das alles? Vielleicht für die Kinder oder Enkelkinder, die es zum Schluss doch nicht zu schätzen wissen? Oder aus Angst, ins Abseits oder in das soziale Aus zu rutschen?

Die Radio- und Fernsehsender berichten von Aktien, Dollar und DAX, und dazwischen werden düstere Klima- und Rentenprognosen gemeldet. Der Wettlauf zwischen Gewinn und Insolvenz, Massenentlassungen, Hoffnung und Perspektivlosigkeit bringt Enttäuschungen, Ängste und schlaflose Nächte mit sich. Vieles dreht sich bei uns nur noch um das Geldverdienen, und wo die Liebe und der Glaube schwach sind, da gewinnen Zweifel und das negative Denken die Oberhand. Der Lebensdruck erhöht sich – und mit ihm auch der Blutdruck. Die Sorgen und Nöte anderer Mitmenschen treten in den Hintergrund, da jeder mit sich selbst und seinen Problemen beschäftigt ist. Und so wird die knapp bemessene Zeit zum Erhalt des Status quo sowie zum eigenen Erfolgsstreben und Geldverdienen benötigt.

Menschliche Werte treten in dieser gefühlskalten Ellenbogengesellschaft in den Hintergrund, und manch einer schenkt den Aktienkursen mehr Aufmerksamkeit als seinen Kindern und seiner Familie. Und Liebe ...? Ja klar, Liebe wird gewünscht, gesucht und erhofft – und am besten die bedingungslose wahre Liebe eines Menschen, der uns so liebt, wie wir sind.

Jeder strebt nach einem anderen Sinn.
Während die einen sehr hart für ihren Erfolg kämpfen müssen und ihren Sinn darin sehen, immer mehr zu arbeiten, um sich ihren Lebenstraum der finanziellen Unabhängigkeit erfüllen zu können, lenken die anderen ihre Aufmerksamkeit auf eine Quelle, von der sie reichlich beschenkt werden, ohne dafür kämpfen zu müssen. Sie nehmen in ihrem Herzen das liebevolle Licht ihrer wahren Heimat wahr, die sie mit Trost, Herzenswärme, Liebe und Geborgenheit überflutet. Aus dieser Energiequelle der Ewigkeit können sie in Hülle und Fülle schöpfen, da alles im Überfluss vorhanden ist.

Den Sinn ihres Lebens sehen diese Menschen in der Harmonie, Gesundheit, Liebe, Freundschaft, Gemeinsamkeit, Dankbarkeit und anderen inneren Werten, die sie mit Zufriedenheit und Glückseligkeit erfüllen. Aber wo bleibt das Geld? Macht dieses Leben auch ohne Geld einen Sinn, oder wird es dann sinnlos?

Welchen Wert hat unser Leben?

Unabhängig von vorgefertigten Meinungen ist es ab und zu sinnvoll, das eigene Leben nach seinem Sinn, seiner Nützlichkeit und seinen Werten zu hinterfragen. Welchen Wert geben wir unserem Leben, unseren Aufgaben, Zielen und uns selbst? Was ist für das menschliche Dasein wirklich wertvoll? Was bringt uns diese Zeit, in der die Zukunftsperspektiven unklar werden und das Streben nach noch mehr Gewinn hohe Anforderungen an den Menschen stellt? Wird die politische und allgemeine Wirtschaftslage die Lager zwischen Arm und Reich noch weiter auseinandertreiben, so dass wir uns durch diese Schräglage ernsthaft Gedanken über den Wert eines Menschen machen müssen? Ist ein Reisbauer in Thailand wertvoller als ein Kleinwagen? Ist eine Jeanshose wertvoller als ein Obdachloser? Ist das ungeborene Kind einer Afrikanerin wertvoller als ein arabisches Rassepferd? Welchen Wert hat eine Spenderniere, ein Rennwagen, ein Millionär oder ein Mönch? Welchen Wert hat das Wasser, die Luft, die Gesundheit, die Liebe?

An welchem Wertmaßstab wird etwas gemessen, und wer entscheidet das? Sind es die Politiker, die Wirtschaftsindustrie, die Bank oder das menschliche Herz? Ist der Mensch wertvoller als die Natur oder das Geld? Ist das Bewusstsein wertvoller als die Liebe? Wie wertvoll ist Menschlichkeit, Geborgenheit und Herzenswärme? Welchen Wert hat das Glück, die Liebe, Anerkennung, Gesundheit, Freundschaft, Herzenswärme, soziale Gerechtigkeit, Zusammenhalt, Gemeinsamkeit, Offenheit, Frieden, Ehrlichkeit oder die Treue ...?

Diese Beispiele können uns zum Nachdenken und Überdenken von inneren und äußeren Wertvorstellungen anregen und ein neues Handeln hervorbringen.

Äußere und innere Werte – beide sind wertvoll.
Die Waagschale des Lebens sollte weder in die eine noch in die andere extreme Schieflage rutschen. Leben wir nur im Verstand, so ist es einseitig, leben wir nur im Geistigen, so ist dies ebenfalls einseitig. Nur in der Mitte herrscht Ausgewogenheit.

Geld ist Energie.

Geld ist im Großen und Ganzen sehr wichtig und gut, denn es ist eine göttliche Energie in materieller und sichtbarer Form, mit der man schöne Dinge kaufen kann. Wer viel Geld besitzt, kann wunderbare spirituelle Projekte starten und die "Energie des Geldes" dorthin geben, wo sie benötigt wird. Als Tausch erhält er eine "Energie der Werte" zurück, z. B. Beispiel Dankbarkeit, Wertschätzung und Freude, welche zu einer Bereicherung seines Lebens werden können und ein Glücksgefühl auslösen.

Die Erkenntnis der erwachten und erwachenden Seelen, das geistig Göttliche mit dem materiellen Irdischen verbinden zu müssen, bewirkt, dass das Tauschmittel Geld als ein besonderes Geschenk zur Transformation verstanden wird.

Letztendlich sehnen sich alle Menschen nach Glück und Liebe.

Der Wunsch nach mehr Menschlichkeit, Mitgefühl, Herzenswärme und sozialer Gerechtigkeit nimmt überall zu. Das Erwachen einer emotionalen Intelligenz und lichtvollen Herzlichkeit weitet sich in unserer Gesellschaft immer mehr aus und manifestiert sich in allen Schichten der Bevölkerung. Gerade bei Jugendlichen nimmt der Wunsch nach einem Sinn des Lebens und nach inneren Werten enorm zu. Sie sehnen sich nach Vorbildern, die ein hohes Bewusstsein und menschliche Werte gelebt und umgesetzt haben, so wie Gandhi, Albert Schweitzer, Mutter Teresa, der Dalai Lama oder Karl-Heinz Böhm.

Die neuen Seelen kommen mit dem Indigo-Bewusstsein auf diese Erde, das nach hohen ethischen, menschlichen Zielen strebt. Dieses Bewusstsein wird Ungerechtigkeit und das Ungleichgewicht nicht mehr zulassen.

Während die Herzensliebe an Stärke gewinnt und sich überall verbreitet, nimmt auf der anderen Seite der Wunsch nach dem finanziellen Gewinnstreben ebenfalls zu. Beides ist richtig und darf sein. Wenn die Zeit reif dafür ist, dann wird der Idealfall eintreten, und die Menschen werden im Bewusstsein der Einheit leben, welches das Streben nach einer intakten sowie ausgewogenen Lebensweise beinhaltet. Die harmonische Verbindung von materiellen Werten sowie geistigen, inneren Werten und die gerechte Aufteilung von Hab und Gut zwischen allen Menschen wird sie letztendlich mit Glückseligkeit beschenken.

Die Suche nach dem Sinn des Lebens ist die Bereitschaft zu einem ersten Schritt der Veränderung. Unsere Engelfreunde und geistigen Helfer stehen bereit und warten darauf, uns helfen zu dürfen. Erst auf unseren Wunsch und unsere Bitte hin dürfen sie uns unterrichten und uns Impulse vermitteln, die unser Bewusstsein erweitern und unsere Erinnerung daran wecken, wer wir sind und von wo wir einst herkamen.

IM GEISTIGEN SCHULUNGSTEMPEL

Jeder darf nach dem streben,
was ihm Freude bringt
und wonach er sich sehnt.

Ihr lieben Menschenkinder ...

... seid herzlich umarmt und willkommen im Schulungstempel der Herzensliebe. Wir sehen, dass ihr bereit seid, etwas in eurem Leben zu verändern. Viele schwierige Situationen konntet ihr bisher wunderbar bemeistern, und tapfer habt ihr Schicksalsschläge, Krankheiten und Ereignisse gewählt, um dahin zu kommen, wo ihr jetzt seid. Wir möchten euch beglückwünschen für all eure wahrhaft klugen Schritte, die ihr auf euch genommen habt, um eurem Ziel der Lebenserfüllung näherzukommen.

Erinnert euch an das Licht der Liebe und der Einheit. Es ist euch alles sehr vertraut, denn es ist eure wahre Heimat. Hier gibt es weder Ablehnung noch Kampf oder "UR-Teile", so wie auf der Erde, sondern nur Licht und bedingungslose Liebe, nach der ihr euch alle so sehr sehnt.

Durch eine starke Dominanz des Verstandes benötigt die Seele oft Jahre, manchmal ein ganzes Leben oder weitere Leben, um ein Zusammenwirken von Herz und Verstand zu ermöglichen. Eure Sehnsucht nach bedingungsloser Liebe ist aber so mächtig, dass ihr euch unbewusst Wege und Möglichkeiten sucht, um endlich wieder in die Verbindung mit der Einheit zu gelangen. Manchmal eilt das Schicksal als Lehrmeister zu Hilfe und wählt Probleme, Krankheiten oder Menschen aus, die euch in die Demut, in die Ruhe und somit in euer Herz führen. Hier wird die ersehnte Verbindung mit eurem Höheren Selbst hergestellt, die euer Bewusstsein weitet, wodurch ihr den Sinn eures Lebens wahrnehmen könnt und Liebe empfangt.

Menschen, die das Herzgefühl und die Göttlichkeit ablehnen, sind deshalb keine bösen Menschen, sie möchten einfach nur eine Erfahrung der Einseitigkeit und des Ungleichgewichtes machen. Denn lebt ihr nur im Verstand, so lehnt ihr unbewusst die Göttlichkeit ab, die aber existiert und auch gelebt werden möchte. Wir können und dürfen nicht einschreiten, denn jede Seele darf frei entscheiden, wann sie wieder die Verbindung mit ihrer göttlichen UR-Quelle aufnehmen möchte.

Eure Herausforderungen im Leben sind wie Freunde, die euch etwas bringen möchten. Es gilt nun, das Geschenk des Lernens auszupacken, seine Bedeutung und den Wert anzuerkennen und anzunehmen, sich bei dem Lieferanten zu bedanken und die Botschaft umzusetzen. Dann hat das Geschenk seinen Sinn erfüllt.

Um bedingungslos lieben zu lernen,
ist es erforderlich,
den Weg der Einheit anzustreben.

Einheit bedeutet Gemeinsamkeit. Seht in allem die Vollkommenheit und nehmt eure Mitmenschen so an, wie sie sind, auch wenn sie total seltsame Lebensvorstellungen haben und andere Wege gehen. In ihrem Herzen ist, genauso wie in eurem, der göttliche Funke der Liebe verankert. Beendet alle Verurteilungen und Vorwürfe, denn diese Seelen sind, genauso wie ihr, auf dem Weg des Lernens unterwegs.

Erkennt in ihnen die gleiche göttliche Natur und wisst, dass ihr alle gemeinsam in einem Boot sitzt.

Seht auch in der Natur die schöpferische Einheit, und nehmt sie so an, wie sie ist. Sie hat Berge und Täler, sonnige Wiesen, klare Flüsse, blauen Himmel und herrliche Blumen. Aber sie enthält auch Schluchten, dunkle Wälder, eiskalte Gletscher, heiße Sandwüsten und liefert Vulkanausbrüche, Überschwemmungen, Gewitter und Erdbeben. Die tiefen Täler der Landschaft, die euch an den Rand der Verzweiflung führen, sind selbst gewählte Hürden. Aber:

*Alle Höhen und Tiefen
führen euch in eure Mitte.*

So wie sich eine Landschaft mit den Jahren verändert, so verändert auch ihr euch. Gestern dachtet und fühltet ihr anders als heute, und morgen werdet ihr neue Entscheidungen treffen, die euch besser und passender vorkommen. Akzeptiert euch selbst und eure Entscheidungen von gestern und vorgestern. Sie haben euer Heute geprägt.

Nehmt den Wandel der Zeit an, denn er ist das ewige Jetzt. Versucht immer wieder, in allem eine tiefere Bedeutung zu erkennen, und nehmt sie dankbar an. Denn alles wurde aus der Tiefe eures Herzens entschieden, damit ihr wachsen und lernen könnt. Es ist euer freier Wille, den ihr ebenfalls liebevoll annehmen dürft, wenn ihr es möchtet.

Das Ziel eures jetzigen Weges kennt ihr. Was ihr zu lernen habt, wisst ihr bereits, es schlummert in eurem Herzen und wartet darauf, im richtigen Moment der Reife wachgeküsst zu werden. Ihr selbst bestimmt euer Lerntempo. Es gibt keinen strengen Lehrer, es gibt nur Begleiter, bei denen ihr die "Kurse der Erinnerung" besuchen könnt.

Ihr seid sehr weise, denn ihr seid selbst der Lehrer, der Schüler und der Meister zugleich.

Ihr seid der komplette,
göttliche, ewige Lichtfunke,
in dem das Prinzip Ur
enthalten ist.

Aber bevor wir die Reise in die Herzmitte antreten und den göttlichen Funken der Liebe entfachen, möchten wir euch gerne etwas über die vielen Tugenden und Eigenschaften, aus denen sich die Herzensliebe zusammensetzt, erzählen und euch an sie erinnern.

Der Engel der Liebe weilt an unserer Seite und begleitet uns mit Leichtigkeit und Freude bei dieser wunderbaren Reise.

Wir Lehrer und Meister bedanken uns bei euch für eure Bereitschaft des Zusammenfindens und freuen uns, den lichtvollen Weg der Herzensliebe mit euch gemeinsam gehen zu dürfen.

Seid liebevoll gesegnet und lichtvoll beschützt!

AKZEPTIEREN UND ANNEHMEN

Bekämpfen und Ablehnen
führt zur Trennung,
Annehmen und Akzeptieren
zur Einheit.
Im Annehmen von dem,
was war, was ist und was sein wird,
liegt ein großer Segen.

Die Herzensliebe fügt sich aus vielen kleinen Mosaiksteinchen zusammen, die sich alle komplett vereint zu einem strahlend hellen Energiezentrum verbinden. Die heutige Schulung beginnen wir mit den beiden Mosaiksteinchen Akzeptieren und Annehmen.

Auf dem Weg der Herzensliebe verändert sich die Frage "Wenn Gott uns liebt, warum hat er das zugelassen?" in die Frage "Was möchte die Seele lernen?"

Welches Mosaiksteinchen fehlt? Ist es Demut, Hingabe, Dankbarkeit, Vertrauen, Selbstliebe, Mitgefühl oder Nächstenliebe? Wie heißt die Schulungsaufgabe?

Alles, was auf dieser Erde und in unserem Leben passiert, hat eine Bedeutung. Nichts geschieht von ungefähr oder aus einer Laune Gottes heraus, denn alles, was uns widerfährt, haben wir uns selbst ausgesucht. Erleben wir Schönes und Angenehmes, dann fällt es uns ganz leicht mit dem Annehmen, doch wenn sich Schicksalsschläge, Probleme, Ungerechtigkeiten, Krankheiten, Trauer, Schmerzen und Leid in unserem Leben zeigen, dann möchten wir sie nicht haben und lehnen sie ab. Enttäuscht, verärgert, traurig und wütend zugleich verstehen wir nicht, warum wir so ein Pech haben.

Lebenskrisen fliegen wie ein Überraschungsgast aus heiterem Himmel in unser Leben und bringen uns oft an den Rand der Verzweiflung. Und dann hören wir auch noch von einem superschlauen Mitmenschen den Satz: "Deine Seele hat sich diese Aufgaben und Programme ausgesucht, um daran zu wachsen und zu lernen." – Nein, warum sollten wir uns so etwas Schreckliches auch noch selbst aussuchen? Und so wird der Verstand am Ende eines ereignisreichen, anstrengenden Kampftages, wenn wir schon im Bett liegen, mit seinem Latein am Ende sein und keine Lösung mehr wissen.

Und dann, wenn alles rundherum zu zerfallen scheint, wenn alles fast keinen Sinn mehr macht und die äußerste Belastungsgrenze erreicht ist, ist der Mensch bereit, sich in Demut zu ergeben. Dann tritt das Ego zur Seite und ein leises *"Herr ... dein Wille geschehe"* tritt hervor.

Nun ist die Zeit des Herzens gekommen! Wenn Ruhe eingekehrt ist und niemand mehr dazwischenfunken kann, empfangen wir die zarten Impulse unseres Herzens. Es möchte uns ganz liebevoll trösten und uns Hoffnung und Kraft schenken. Wie eine liebe Mami hält es uns geborgen im Arm, und wir können erzählen ... von unserem Kummer, von der Trauer, den Schmerzen, der Wut und den Ängsten. Wir erzählen von unseren Sorgen, von den Schwierigkeiten mit der Arbeit und den Mitmenschen und von allem, was schmerzlich und ungerecht ist. Die Mami unseres Herzens hört aufmerksam zu, trocknet unsere Tränen und wiegt uns liebevoll in den Schlaf. Der Verstand ist schon lange eingeschlafen. Er hat dieses Zwiegespräch gar nicht mitbekommen, denn er war schon viel zu müde.

Unser Schutzengel und unsere geistigen Freunde fühlen unser leises Bitten und Sehnen, sie spüren, dass wir nach Lösungen und Antworten suchen, und so bieten sie uns an, wenn unsere Seele damit einverstanden ist, uns zu unterrichten ...

*Herzensliebe ist
das Annehmen und Akzeptieren
von sich selbst,
allen Mitmenschen,
allen Schwierigkeiten
und Gegebenheiten.*

Herzensliebe-Praxis

Heute möchte ich das Annehmen üben.

Es gibt vieles, was ich annehmen kann. Meine Lebenssituation, meine Eltern, meinen Partner, meine Familienangehörigen, meine Freunde, meine Bekannten, aber auch meine Feinde und all meine Probleme.

Mir ist bewusst, dass ich mir einst alle Lebenser-
eignisse sehr weise ausgesucht habe, damit ich an
ihnen wachsen und reifen kann.

Ich stehe zu all meinen Entscheidungen, auch wenn
mir mein Verstand keine Erklärung oder keine Antwort auf mein "Warum" geben kann.

Mein Höheres Selbst kennt die Antwort auf alle
Fragen, und irgendwann wird mein Herz bereit
sein, sie zu empfangen.

Ich bin jetzt bereit, alles anzunehmen und zu akzeptieren.

HERZ UND VERSTAND

"Mein liebes Herz",
sprach der Verstand,
"sag Du zu mir.
Lass uns Freunde werden."

Während das Herz mit seiner himmlischen Heimatsphäre Kontakt aufnehmen und feinstoffliche Schwingungen empfangen kann, ist der Verstand für das irdische Umfeld zuständig. Er kalkuliert, berechnet, kontrolliert, überwacht und beschützt den Menschen nach seinen Möglichkeiten und seinem besten Wissen. Für ihn ist alles Sichtbare realistisch und maßgebend. Beim Herz ist es umgekehrt, denn es kann auch das Unsichtbare wahrnehmen. Obwohl es in der Mitte des Menschen verankert ist, wohnt es zugleich in der feinstofflichen Welt.

Diese riesengroßen Unterschiede machen es für Verstand und Herz sehr schwer, gemeinsam in Harmonie und Verständnis sowie Hand in Hand dem

Menschen zu dienen. Sie benehmen sich genauso wie Geschwister, die sich streiten und wieder vertragen, um sich dann wieder erneut zu entzweien. Obwohl sie dieselben Eltern haben, hat jeder von ihnen vollkommen andere Talente und Eigenschaften.

Während der große Bruder alles besser weiß, sich für Mathematik und PC-Spiele interessiert, sitzt das kleine sensible Schwesterchen am Bettrand und spricht mit Engeln und Elfen, die sie sogar sehen kann. Das ist für den Bruder und die Eltern unverständlich, und so wird das kleine Mädchen wegen seiner Fähigkeiten belächelt und nicht ernst genommen. Genauso ist es auch mit dem Verstand. Er sieht in diesen feinstofflichen Fähigkeiten des Herzens eine unrealistische Träumerei und widmet sich lieber den Fakten seiner sichtbaren, greifbaren Welt.

Dabei könnten beide voneinander lernen und ihre Begabungen austauschen. Ein großer Schritt in Richtung Verständnis, Gemeinsamkeit und Zusammenhalt wäre so gewährleistet, und das wunderbare Resultat hieße Harmonie, Liebe und Frieden.

"Ich würde ja gerne alles lieben, aber ich kann es nicht ...", so sprach der Verstand und wendete sich wieder realistischen Dingen zu.

"Ach ja ... alles von ganzem Herzen zu lieben, das wäre so schön ... einfach zu schön. Aber es bleibt in unserer Welt wohl unerreichbar und somit eine Utopie ...", so dachte das Herz und fühlte, dass es schwer sein würde, in einer "vom Verstand dominierten Zeit" wahrgenommen zu werden.

Ja, es wäre schön, wenn wir alles lieben könnten. Aber wir können es nicht. Das heißt, das Herz könnte es schon, doch der Verstand kann es partout nicht. Er weiß ganz genau, dass es unlogisch ist, etwas zu lieben, das nicht liebenswert erscheint oder das man regelrecht ablehnt oder sogar hasst. Es ist für ihn sehr schwer, genau jenen Menschen zu verzeihen, die so gemein waren, und Leute zu lieben, die man überhaupt nicht genau kennt, oder Menschen, Tiere oder Flüsse zu lieben, die einem doch eigentlich gleichgültig sind. So macht er auch sofort die Schotten dicht und nimmt eine ablehnende Haltung ein, wenn er in anderen Menschen oder Situationen ein Ärgernis erkennt. Nein, dieser alberne Tipp "man sollte alles lieben" kommt für ihn nicht in Frage. Das ist ja alles total lächerlich, unrealistisch, unverständlich und unlogisch. Und so wird uns der Verstand immer wieder seine klugen Fakten auftischen, so dass wir kaum eine Chance haben, ihn von der grenzenlosen Herzensliebe überzeugen zu können. – Verständlich. Aber wir möchten es doch so gerne.

Mit einem "unrealistischen Gesprächspartner" wie dem Herzen, das in emotionalen, rosaroten Gefühlswolken umherschwebt, lässt sich ein intelligenter, realistischer Verstand allerdings überhaupt nicht erst ein. Solche Gesprächsverhandlungen wären auch von vornherein zum Scheitern verurteilt – es sei denn, man findet einen Mittelsmann, einen Diplomaten, mit dem man sich zusammen an den runden Tisch setzen könnte.

Gesagt, getan – ein Dolmetscher wurde gefunden, der zugleich ein brillanter Diplomat war und sich bestens in der Sprache des Verstandes und der Sprache des Herzens auskannte. Und dann begann die erste Gesprächsverhandlung zwischen dem Herz und dem Verstand. Der schlaue Dolmetscher verhielt sich wirklich sehr diplomatisch und richtete seine Worte zuerst an den Verstand und das Ego, denn er wusste, dass sie bei zu wenig Anerkennung und Aufmerksamkeit immer sofort beleidigt sind. Er lobte die Leistungen von beiden und ehrte sie für ihren unermüdlichen Schutz der Chef-Etage vom "Hause Mensch".

Der Direktor mit Namen Herr Verstand und seine Sekretärin, Frau Ego, schwelgten in Stolz und waren glücklich und zufrieden. So ein Lob zu Anfang der Geschäftsverhandlung machte sie handzahm, und sie lauschten aufmerksam den Worten des Dolmetschers, der jetzt über die wunderbaren Eigenschaften des Herzens erzählte. Er übersetzte die Information des Herzens und sagte, dass sie vom Herzen sehr geliebt werden und dass es auch dankbar sei, solch ein wunderbares Team hier auf der Erde zu haben.

Das Herz berichtete, dass es in der geistigen Heimat so einen Verstand und ein Ego überhaupt nicht gibt, dort kennt man so etwas nicht. Oh … das machte den Herrn Verstand und Frau Ego schon wieder mächtig stolz. Sie waren glücklich, so einen speziellen und einmaligen Job auf der Erde ausüben zu dürfen.

Die Gesprächsrunde zog sich über mehrere Stunden hin, und der Dolmetscher leistete sehr gute Arbeit. Das Herz erzählte einiges über seine liebevolle Heimat, und Frau Ego und Herr Verstand waren von dem Wissen sehr angetan. Zwar konnten sie alles noch nicht so genau verstehen und schon gar nicht begreifen, aber sie entschieden sich, den Dolmetscher öfter zu buchen, der ihnen dann die Sprache des Herzens in ihre Verstandessprache übersetzen würde.

Beide Parteien waren sich schließlich einig, und dann war es so weit – es kam zum Vertragsabschluss zwischen dem Verstand und dem Herzen. Sie reichten sich die Hände und planten, ab jetzt Hand in Hand zu arbeiten. Ihr Treffpunkt wird der schöne runde Tisch in dem kleinen weißen Tempel sein, der in der Mitte auf der Brücke steht, die ihre beiden Wohnorte miteinander verbindet. Hier, an diesem neutralen Ort werden sie ab jetzt ihre Erfahrungen austauschen und sich mit dem Dolmetscher treffen. Das Herz wird noch Freunde aus der geistigen Welt mitbringen, und Frau Ego und Herr Verstand versprachen, an allen Schulungen der Herzensliebe teilzunehmen. Ja, sie möchten jetzt bewusst lieben lernen.

Das Herz sagte: *"Um hier auf der Erde alles lieben zu können, muss man auch den Verstand mit einbeziehen."*

Über diesen Satz freute sich der Verstand so sehr, dass er vor lauter Begeisterung dem Herzen das DU anbot: *"Mein liebes Herz"*, sprach er, *"ich bin der Verstand ... Sag DU zu mir. Lass uns Freunde werden."*

Darüber freute sich das Herz ebenfalls, und Frau Ego wollte nun auch geduzt werden. Die anfängliche Angst des Verstandes, das Herz könne bei seinen enormen Fähigkeiten eine Konkurrenz für ihn werden oder gar seinen Chefsessel übernehmen wollen, wurde beiseitegelegt, als das Herz sehr deutlich erklärte, dass es absolut kein Interesse an diesem Job habe, da es genügend andere Aufgaben zu erfüllen habe.

Alle waren zufrieden, und ein ereignisreicher Tag ging zu Ende.

Am nächsten Tag trafen sie sich im kleinen weißen Tempel am runden Tisch, und ihre zweite gemeinsame Schulung begann ...

BEWUSST LIEBEN LERNEN

*Die stärkste Kraft im
Universum ist die Liebe.*

*Sei dein eigener Heiler, dein Arzt,
dein Nachbar, dein Kollege,
ein Fremder, ein Feind, ein Partner.*

*Sei dir selbst ein Freund,
ein Ratgeber, ein Lehrer,
ein aufmerksamer Schüler,
ein kleines Kind, eine Mutter,
eine komplette Familie,
ein Schöpfer, eine Einheit.*

Fühle, alles zu sein.

Klingt das nicht absurd? Kann man denn
bewusst das Lieben erlernen? Geht das? Ist es nicht
so, dass man entweder jemanden liebt oder nicht.
"Bewusst das Lieben erlernen", das klingt doch

ziemlich berechnend und herzlos für den emotionalen Menschen.

Aber auch für den Verstandesmenschen klingt eine solche Aussage unrealistisch, denn der Verstand weiß, dass Liebe nicht bewusst steuerbar ist. Deshalb lässt sich ein Verliebtsein schwer oder auch überhaupt nicht per Knopfdruck herbeiführen oder gar erlernen. Wenn die Chemie nicht stimmt, kann man sie nicht erzwingen. Sind zwei Menschen verliebt, dann flattern Schmetterlinge in ihrem Bauch herum und schalten den Verstand aus. Das Bauchzentrum regiert das Verliebtsein und steuert das kopflose Geschehen.

Herzensliebe ist erlernbar.
Während die Partnerliebe von einem Bauchgefühl gesteuert wird und den Verstand mitunter ausschaltet, entfaltet sich die Herzensliebe durch das Zusammenwirken von Bewusstsein, Herz und Verstand. Es ist ein erweiterter Bewusstseinszustand, eine höhere Form der Liebe, die zwar die körperliche Liebe nicht ausschließt, aber frei von körperlichen Reaktionen und Leidenschaften im Bauchzentrum ist.

Bei dieser Liebe der Einheit werden das höhere Bewusstsein und der Verstand als Partner integriert.

Der Verstand darf keinerlei Gefühl von Ausgrenzung oder Abgrenzung empfinden, sonst macht er dicht, ist beleidigt und wird immer wieder störend dazwischenfunken. Für ihn ist es sehr wichtig, dass er die Handlungen dieser Liebe "verstehen" kann. Es ist von Vorteil, ihm die Vorgänge genau zu erklären, denn erst dann kann er sie begreifen, annehmen und somit auch nachvollziehen. Erklären wir ihm, dass er durch das Leben der Herzensliebe keinerlei Nachteile hat, sondern nur enorme Vorteile, dann wird er zustimmen und diesen Weg durch seine Mithilfe sogar unterstützen.

Nur allein positiv denken und lieben zu wollen, ist bei vielen Menschen deshalb gescheitert, weil sich der Verstand mit seiner Logik ausgegrenzt gefühlt hat. Gewinnt man ihn als Partner, wird er mit langsamen Schritten des Verstehens begreifen, fühlen und annehmen können und zusammen mit dem Herzen einen wunderschönen Lebensweg gehen.

Die Herzensliebe entfaltet sich
durch das Zusammenwirken von
Bewusstsein, Herz und Verstand.

DANKBARKEIT – DER SCHLÜSSEL ZUR UMWANDLUNG

Dankbarkeit öffnet das Herz
und die Schleusen des Himmels.

Eines der Wörter, die eine fast mystische Ausstrahlung haben, ist das Wort DANKE. Wir benutzen es als Reaktion auf ein Geschenk, das wir erhalten haben, oder auf eine Dienstleistung, für die wir uns bedanken. Es gibt aber noch viel mehr, wofür wir dankbar sein können. Für unseren Körper, der mit uns überall hingeht, für unsere Eltern, für liebe Freunde, angenehme Nachbarn, für die Schönheit der Natur, den Sauerstoff, Früchte, Wasser und auch für unser Leben. Pausenlos könnten wir uns für so vieles, das uns für dieses Leben geschenkt wurde, bedanken.

Danken öffnet das Herz und ist wichtiger als das Bitten. Für alles, was wir sind, wie wir sind und wer wir sind, dürfen wir dankbar sein. Und auch uns selbst sollten wir danken, ebenso sollten wir für alle Menschen, die in unser Leben treten, sowie für alle Situationen, Schicksalsschläge und auch Glücksgefühle dankbar sein. Denn alles, was wir in diesem Leben besitzen, ist ein großes Geschenk. In der bewussten Danksagung an den Himmel für unsere materiellen Güter, für unsere Erfolge und Erkenntnisse, für unsere Freunde und für alles, was wir sind, liegt ein großer Segen. Denn je mehr wir uns bedanken, desto mehr erhalten wir für uns und unser Glück.

Herzensliebe-Praxis

Eine wunderbare Angewohnheit und Zeremonie ist es, sich gleich morgens nach dem Aufwachen als Erstes zu bedanken.

Ich bin dankbar für alle Menschen, die in mein Leben getreten sind. Sie haben mein Leben bereichert und mich geschult durch ihren positiven oder auch durch ihren negativen Beitrag.

Ich bin dankbar für Probleme, Schicksalsschläge und Unannehmlichkeiten, denn an ihnen bin ich gewachsen. Ich bin dankbar für meinen treuesten Freund, meinen Körper, denn er ermöglicht mir diesen Erdenaufenthalt. Ich danke meinen Eltern, dass sie mir dieses Leben geschenkt haben. Ich danke für meine Erkenntnisse, Erlebnisse, für meine Entscheidungen, für alles, was mein Leben ausmacht. Ich bedanke mich bei mir für meine Handlungen und Gedanken. Ich danke allen Herausforderungen, die mich geprägt haben. Ebenso bin ich für meine Freunde und Bekannten dankbar, denn sie schulen mich. Ich danke allen anderen Menschen, die mir viel bedeuten, aber ich danke auch meinen Feinden, die mein Leben prägen. Ich bedanke mich bei den vielen Tieren, die sich für die Menschen opfern. Ich danke der Natur, meinem täglichen Essen, dem Wasser und der Atemluft.

Ich bin für alles dankbar, was ich bin.

*Ich lebe dankbar im Fluss des Lebens
und fühle mich wie ein Bach,
der immer wieder frisches Wasser aufnimmt,
es wieder loslässt und weitergibt,
damit es frei und unbeschwert fließen kann.*

Vergeben und
in Liebe loslassen

Es war einmal, es ist vorbei.
Was geschehen ist, das ist geschehen.

Die Zeit heilt viele Wunden, so heißt es. Das stimmt – fast. Richtiger wäre es zu sagen, die Zeit legt einen Schleier des Vergessens über Erlebnisse, die für uns unschön waren. Schönes behalten wir im Bewusstsein, Negatives möchten wir schnell vergessen und verdrängen es.

Auch wenn negative Ereignisse nicht mehr im aktuellen Bewusstsein präsent sind, so sind sie deshalb noch nicht verschwunden. Sie wurden in unserem Unterbewusstsein zwischengelagert, schlummern dort sanft unter "unerlöste Erlebnisse" und warten darauf, irgendwann bearbeitet und erlöst zu werden. Holt der Mensch diese verdrängten Unannehmlichkeiten nicht freiwillig aus dem Zwischenlager hervor und bearbeitet sie, so melden sie sich von Zeit zu Zeit von alleine. Dann kann es sein, dass sich eine ähnliche Situation in unserem Leben zeigt, die unsere tief im Inneren abgespeicherten alten Verletzungen ans Tageslicht befördert.

Da sind sie wieder, der alte Groll, die Wut, die Enttäuschung, die Verletzung und der Schmerz. Die schlimmen Erlebnisse von damals wurden nur verdrängt, aber nicht bearbeitet und somit erlöst.

Wir dürfen es als positiv ansehen, wenn ein unangenehmes Gefühl von damaligen schlimmen Ereignissen wieder ins Bewusstsein gelangt, denn es bietet sich nun erneut die Möglichkeit zur Vergebung. Wird die Möglichkeit zu vergeben ignoriert und das Problem wiederum in das Tal der Verdrängung geschickt, wird es sich irgendwann erneut bei uns melden, vielleicht diesmal verschlüsselt in Form einer Krankheit.

Vergebung ist die Voraussetzung
für Heilung, für Frieden und für Neubeginn.

Durch diese Betrachtungsweise werden wir weitere negative Erlebnisse in unserem Leben mit anderen Augen sehen. Wir werden ihnen ohne Groll und Wut von vornherein achtsamer und aufmerksamer begegnen und uns gleich zu Anfang fragen:

- Was möchte mir das Ereignis beibringen?
- Was sollte ich durch diesen Menschen lernen?
- Welche Erkenntnis hat mir die Angelegenheit beschert?
- Was möchte mir die Angelegenheit sagen?
- Was soll und darf ich daraus lernen und verändern?
- Worin besteht der Sinn dieser Botschaft?

Wenn wir erkennen, dass negative schmerzliche Ereignisse eine Bedeutung haben und wir die Botschaft verstehen, wahrnehmen und umsetzen können, dann kann sich das Problem wieder auflösen. Dann können sich Ärger, Wut und Schmerzen in Verständnis, Harmonie und Ganzheit umwandeln.

Vergeben heißt loslassen.

Alle Ereignisse, denen wir mit Liebe und aus vollstem Herzen vergeben haben, kehren nicht mehr als Negativ-Erlebnis an die Oberfläche zurück. Sie wurden in eine positive Lebenserfahrung umgewandelt und können als Bereicherung in den Katakomben unseres Lebens-Archivs abgespeichert werden.

Herzensliebe-Praxis

Falls du nun weißt, warum alles so kam, wie es kam, dann beginne mit der Zeremonie der Vergebung.

Übung:

Gehe in die Stille, in die Meditation. Schließe die Augen, atme tief durch und komm zur Ruhe. Nach einer Weile, wenn Frieden und Harmonie eingekehrt sind, beginne mit der Zeremonie des Vergebens.

1. Klärung

Frage dich:

Was hat mich verletzt?

Wer hat mich gekränkt?

Welche unangenehme Situation kann ich nicht vergessen und in Liebe loslassen?

2. Annehmen

Nimm alles, was dir an negativen Ereignissen widerfahren ist, an. Akzeptiere es, wie es ist, ohne Wut und Groll und Emotionen – nimm alles einfach dankbar an.

3. Was ist die Botschaft

Stelle dir die Fragen:

Warum ist dies in mein Leben getreten?

Was darf oder sollte ich dadurch lernen?

Was ist letztendlich die Botschaft dieses negativen Ereignisses?

Wenn du selbst keine Idee hast, warum und wieso, dann frage deinen Schutzengel, und bitte ihn, er möge dir helfen, die Antworten zu finden.

4. Bedanken

Bedanke dich bei der Person oder Situation, dass sie dein Leben bereichert hat und dir etwas beschert hat, wodurch du reifen und wachsen konntest – oder noch darfst.

5. Danke auch dir, und vergib dir

Bedanke dich auch bei dir selbst für deine Bereitschaft, diese Unannehmlichkeiten in Kauf zu nehmen, um auf deinem Lebensweg einen großen Schritt voranzukommen. Und vergib dir für die Wut und den Ärger, die du an die Person/Situation ausgesandt hast.

6. Segnen und loslassen

Ist der Hintergrund des Problems verstanden, dann kannst du ihm danken.

Umarme die Personen/Menschen, die dir einst Probleme und unangenehme Situationen und Ereignisse beschert haben.

Vergib ihnen von ganzem Herzen, segne die Probleme mit Licht und Liebe und verabschiede dich von ihnen.

Lass sie dann liebevoll als erledigt, erlöst und geheilt von dannen ziehen. Winke, winke!

Heute übe ich mich im Loslassen.

Ich werde bewusst loslassen und bewusst Dinge über Bord werfen, die ihren Dienst erfüllt haben. Was hindert mich daran, etwas loszulassen? Ist es mangelndes Vertrauen, dass ich denke, es kommt nichts Besseres nach? Kann ich etwas loslassen, was vorbei ist, was einmal war, was ich nicht mehr benötige? Was könnte ich loslassen? Vielleicht die alten Liebesbriefe, die im Schrankfach schlummern? Oder Sachen aus meinem Kleiderschrank, die ich nicht mehr anziehe? Eine alte Beziehung, die mir nicht guttat? Angst- und sorgenvolle Gedanken? Alte Erinnerungen?

Ich bin jetzt bereit,
alles Vergangene in Liebe loszulassen.

Ich vergebe allen Menschen und Situationen, die mir jemals Leid und Unangenehmes zugefügt haben. Sie haben ihren Sinn und Zweck erfüllt.

Ich danke allen schwierigen Situationen meines Lebens, weil ich erkannt habe, dass sie im Endeffekt nur positiv für mich und den Fortschritt meines Lebensweges sind.

Ich vergebe mir meine Fehler und falschen Entscheidungen, die allerdings richtig waren, da ich durch sie lernen konnte und durfte.

Ich vergebe mir meine Ängste und Sorgen, die ich zugelassen habe.

Ich vergebe mir alle negativen Situationen meines Lebens, da ich letztendlich die Verantwortung dafür übernommen habe.

Ich weiß, dass alles, was geschehen ist, einen Sinn gehabt hat, und ich bin dankbar dafür.

Gelebte Herzensliebe
führt zu Heilung auf allen Ebenen.

ACHTSAMKEIT UND BEWUSSTSEIN

"Die wichtigste Stunde ist immer die Gegenwart,
der bedeutendste Mensch ist immer der,
der dir gerade gegenübersteht,
das notwendigste Werk ist stets die Liebe."
Meister Eckehart

Ein neues Bewusstsein entsteht nicht über Nacht. Das Studium der Herzensliebe erfordert Stille und Demut und Hingabe. Es ist ein bewusstes Zurücknehmen von Verstand, Ego und den Emotionen, um dann etwas anderes wahrzunehmen ... Ohne uns mit den eigenen Gedanken, Handlungen oder Gefühlen zu beteiligen, achten wir auf alles, was ist, und nehmen die Existenz der Schöpfung wahr.

Achtsam mit sich selbst umgehen

Oft erwarten wir von anderen Menschen Achtsamkeit und nehmen uns selbst nicht richtig wahr. Es ist die Gewohnheit und der Alltagstrott, die uns unachtsam werden lassen. Das ist keinesfalls schlimm, sondern nur allzu menschlich. Liebevoll dürfen wir dies registrieren und erkennen, dass wir uns auf dem Weg der Erkenntnis und des Lernens befinden. Wir dürfen uns Beachtung schenken, unser Gewissen wahrnehmen, der Stimme im Herzen zuhören, auf die Signale des Körpers achten und uns ganz bewusst auf das Essen konzentrieren.

Achtsam das Umfeld wahrnehmen

Durch Unachtsamkeit werden viele kleine Hinweise überhört und übersehen. Nun sucht die geistige Welt nach neuen Möglichkeiten, um uns eine Botschaft zu übermitteln.

Durch Achtsamkeits-Training registrieren wir die Hinweise, die uns die geistige Welt auch durch andere Menschen übermitteln möchte. Vielleicht sind es die Buchstaben des Autokennzeichens von dem Fahrer, der uns durch sein langsames Fahren angeblich ärgern möchte. Dabei möchte die geistige Welt uns auf etwas aufmerksam machen, vielleicht durch die Buchstaben DU oder N-O oder MIT! Vielleicht deutet das langsame Fahren des Vordermannes darauf hin, im Leben etwas mehr zur Ruhe zu kommen, langsamer zu werden oder in die Mitte zu finden ...

Bewusstsein wird durch Erkenntnisse erlangt.
Wir können achtsam und aufmerksam mit unserem Umfeld umgehen und bewusst die Sorgen unserer Mitmenschen erspüren und erkennen, auch die Not der Labor- und Nutztiere können wir wahrnehmen. Wir können die Zeichen der Natur sowie die deutlichen Veränderungen des Klimas registrieren, um daraus bewusst zu einem veränderten Denken mit positiven Lösungen zu gelangen.

Wir können wunderbare Erkenntnisse erlangen und unser Bewusstsein mit dem Wissen beschenken, welches wir bereits besitzen. Dazu dürfen wir uns erinnern, dass wir ein Geistwesen in einem menschlichen Körper sind, das die Fähigkeit besitzt, die geistige Wahrnehmung der Einheit in das irdische Bewusstsein zu transportieren. Wir können es! Wir sollten uns nur bereit erklären, die Transaktion dieser "himmlischen Daten" geschehen zu lassen.

Der Schritt ins Ungewisse ist ein großer Vertrauensbeweis.
Wenn wir bewusst und achtsam durch das Leben gehen, werden wir empfänglich sein für die vielen Hinweise und Botschaften, die uns die geistige Welt

liebevoll übermitteln möchte. Wir werden lernen, auch der Person, die "unbewusst vermittelt" hat, dankbar zu sein, anstatt zu hupen oder ihr den unhöflichen Autofahrergruß zu zeigen.

Um die einst im Geistigen ausgewählten Lernaufgaben auf dieser Erde zu erkennen und anzunehmen, kann es sein, dass das Schicksal etwas nachhelfen muss und uns etwas unachtsam einen Balken vor die Füße wirft, damit wir sodann achtsam wahrnehmen, dass dieser Weg in die falsche Richtung führt.

Der Schritt in das Ungewisse, in das Neue ist ein großer Vertrauensbeweis. Durch Aufmerksamkeit und bewusste Achtsamkeit erkennen wir die Hilfestellung der geistigen Welt. Wenn wir fest daran glauben, dass alles, was auf uns zukommt, unserem Wohl dient, können wir auf unserem Lebensweg einen großen Schritt vorankommen.

Mein Leben fließt ohne Widerstand.
Ich bin mir bewusst,
dass jede Veränderung nur
zu meinem Besten geschieht.

Panta Rei – alles fließt!

Wir können das Leben nicht aufhalten wie einen plätschernden Bach. Wir würden einen kleinen Stausee produzieren und eine Überschwemmung riskieren. Lassen wir das Leben jedoch wie einen Bach frei fließen, dann werden wir allezeit mit frischer Lebensquell-Energie versorgt.

Frisches Wasser annehmen ... benutzen und wieder loslassen – akzeptieren und abgeben. Panta Rei! – Alles fließt.

Herzensliebe-Praxis

Hören

Gehe in die Stille. Schließe die Augen, und entspanne für einen Moment.

Nimm nun bewusst alle Geräusche wahr, die um dich herum existieren. Vogelgezwitscher, Stimmen, Musik, das Ticken einer Uhr. Vielleicht ist es auch ganz still, dann nimm bewusst diese Stille wahr. Trainiere mehrfach täglich das bewusste Hören und Wahrnehmen von Geräuschen, und schenke dem Sein für einen Augenblick deine Aufmerksamkeit.

Sehen

Beobachte das Umfeld, in dem du dich gerade befindest. Wie sieht das Zimmer aus? Wenn du in der Natur bist, dann richte deinen Blick zum Himmel. Nimm bewusst das Wetter wahr, beobachte Wolken und Vögel, Sonne, Schatten und den Wind. Sieh dir auch ganz bewusst Häuser an. Haben sie einen Schornstein oder eine Antenne auf dem Dach? Wie sehen die Fenster und Balkone aus? Gibt es einen Vorgarten? Wo stehen Bäume? Achte auf Personen. Wie viele von ihnen tragen eine Brille? Ist ihr Gesichtsausdruck traurig oder glücklich? Tragen sie farbige Kleidung? Nimm auch einmal bewusst die Straßenbeleuchtungen wahr.

Sprechen

Eine weitere wunderbare Übung, mit der du deine Achtsamkeit trainieren kannst, hat mit unserer Sprache und Schrift zu tun. Es geht um das Wort NICHT, das im eigentlichen Sinne eine Verneinung von etwas ist.

Die meisten Menschen haben eine genaue Vorstellung von dem, was sie NICHT haben möchten, und wünschen sich durch diese Verneinung genau die Ereignisse, Dinge, Menschen oder Eigenschaften, die sie eigentlich ablehnen, ohne dass es ihnen bewusst ist. Denn wenn wir sagen: "Ich will nicht wieder einen Fehler machen", so heißt dieser Satz ohne das NICHT: Ich will wieder einen Fehler machen! Mit dem Wort NICHT trennen und teilen wir unbewusst und schneiden uns von der Einheit ab, in der es keine Ablehnung, keine Dualität, keine Verneinung und keine Trennung gibt.

Achte bewusst darauf, an welchen Stellen du gedankenlos etwas sagst, wie z. B.: Ich möchte NICHT wieder Opfer sein und nur ausgenutzt werden.

Durch dieses unachtsame Reden gießt du immer wieder Öl ins Feuer, das deine negativen Glaubenssätze ständig neu belebt und aufflackern lässt, statt sie durch neue positive Ansichten zu verändern. Natürlich darfst du dir auch die Frage stellen: Möchte ich überhaupt etwas verändern, oder möchte ich immer wieder die gleichen Fehler/Erfahrungen machen?

Schreiben

Schreibe alles auf, was du in diesem Leben NICHT haben möchtest. Und dann lies die Wünsche **ohne** das Wort NICHT laut durch. Wünschst du dir das wirklich? Warum?

Ist es so erstrebenswert, etwas zu wünschen, was du eigentlich NICHT haben möchtest? Achte beim Sprechen und Schreiben darauf, was du dir wirklich wünschst. Vermeide das Wort "nicht", und richte deine Aufmerksamkeit auf das, was sein soll.

Denken

Halte mehrmals am Tag inne, und frage dich: Was denke ich gerade? Registriere bewusst, was du gerade denkst. Sind es positive aufbauende Gedanken, oder negative destruktive Gedanken? Bewerte sie nicht, sondern registriere sie nur.

Fühlen

Frage dich öfter am Tag: Wie fühle ich mich gerade? Wohl oder unwohl? Verärgert oder erfreut? Zufrieden oder unzufrieden?
Bewerte aber nicht deine Gefühle, und mache dir keine Vorwürfe, sondern nimm sie einfach nur wahr – dann lass sie so stehen.

Bewusstsein

Mit dem Achtsamkeitstraining erhöht sich das Bewusstsein. Doch alles braucht seine Zeit und wird sich in deinem eigenen Rhythmus harmonisch für

dich entwickeln. Achtsamkeit, Bewusstsein und Veränderungen solltest du aber nur von dir selbst erwarten.

Andere Menschen dürfen sich bewusst oder unbewusst achtsam oder unachtsam nach ihrem eigenen freien Willen entfalten, so wie sie es für
ihre Entwicklung benötigen.

Ich lebe bewusst Achtsamkeit.
Ich achte ab jetzt bewusst auf meine Gedanken,
denn sie werden zu meinen Worten.
Ich achte ab jetzt bewusst auf meine Worte,
denn sie werden zu meinen Handlungen.
Ich achte ab jetzt bewusst auf
meine Handlungen,
denn sie werden zu meinen Gewohnheiten.

Ich achte ab jetzt bewusst auf
meine Gewohnheiten,
denn sie werden mein Charakter.

Ich achte ab jetzt bewusst auf
meinen Charakter,
denn er wird zu meinem Schicksal.
Ich beachte nun bewusst mein Schicksal,
denn es entstand durch meinen freien Willen.

Ich achte nun bewusst auf meinen freien
Willen, denn mit ihm kann ich schöpfen.
Ich beachte bewusst die Polarität,
denn sie zeigt mir die Einheit der Schöpfung.
Ich achte ab jetzt bewusst auf alles,
denn alles ist göttlich und führt mich zurück
zum lichtvollen Ursprung
der ewigen Herzensliebe.

GEBEN – NEHMEN – TEILEN

"Willst du glücklich sein im Leben,
trage bei zu anderer Glück,
denn die Freude, die wir geben,
kehrt ins eigene Herz zurück."
Johann Wolfgang von Goethe

*E*ine Tugend, die ein magisches Geheimnis enthält und die Menschen mit einem grenzenlosen Glück erfüllt, ist das Geben. Doch die wahre Kunst des Gebens besteht darin, das Gegebene ohne Bedingungen und Erwartungen zu verschenken und ohne sich zu fragen: "Was habe ich davon, wo sind meine Vorteile, was erhalte ich zurück?

Alles, was wir mit freudigem Herzen und mit der reinsten Liebe geben, bringt Segen und kehrt irgendwann um ein Vielfaches verstärkt zum Absender zurück. Nichts ist umsonst oder geht verloren, denn du bist auch ich, und wir beide gehören einem großen Ganzen an. Deshalb spielt es im Prinzip keine Rolle, ob wir unserem Partner etwas schenken, unsere Gaben mit Freunden und mit Familienmitgliedern teilen oder wildfremden Menschen etwas geben. Alles, was wir schenken und mit anderen teilen, bleibt im großen Kreislauf von Geben und Nehmen erhalten. Das, was du anderen gibst, das gibst du auch dir. Du kannst Trost schenken, Geld geben, Hilfestellung leisten oder liebe Gedanken aussenden, doch gib alles immer von ganzem Herzen. Beginne in Gedanken, und stelle dir vor, wie sehr sich ein anderer freut, wenn du ihm etwas schenkst. Neben materiellen Gegenständen kannst du auch geistige Tugenden wie Hoffnung, Zuspruch, Trost oder Erkenntnis verschenken. Hilf jemandem, der Hilfe benötigt.

Dies ist vergleichbar mit einem Kieselstein, den man in die Mitte eines Teiches wirft. Die Wellen breiten sich in immer größer werdenden Kreisen bis an die Ufer des Teiches aus und kehren wieder zur Mitte zurück, während sie alles, was auf diesem Weg liegt, berühren. Auch das Licht, das wir aussenden, kehrt so zu uns zurück, aber auf seiner Reise berührt es – wie die Teichwellen – viele Menschen, bis es dann verstärkt zum Urheber zurückkehrt. So ist es mit allem, was wir aussenden und somit geben: gute Gedanken – schlechte

Gedanken, Liebe – Angst, Freude – Sorgen, Miss-
gunst – Neid, Glück – Wohlstand, Lachen – Trau-
rigkeit. Alles Gegebene fließt weiter und zieht seine Kreise, breitet sich aus, berührt viele und kehrt
verstärkt zum Urheber zurück. Was wir aussenden,
kehrt ganz sicher zu uns zurück. Auch das Lächeln, das du aussendest, kehrt zu dir zurück, denn
ein Lächeln erzeugt ein Lächeln, genauso wie Liebe wieder Liebe erzeugt ...

Je mehr wir mit anderen teilen und etwas wei-
terschenken, desto mehr erhalten wir. Wünschen wir
uns Liebe und Geborgenheit, so können wir diese
Qualitäten zuerst verschenken und aussenden.
Möchten wir Wissen und Weisheit dazugewinnen,
so könnten wir z. B. Wissen und Weisheit weiter-
geben. Genauso gilt: Wer ein Lebewesen rettet, wird
selbst gerettet werden. Oder falls uns das materielle
Tauschmittel Geld fehlt, dann wäre es ratsam, zuerst etwas von diesem Tauschmittel zu verschenken.
Es muss nicht viel sein, es geht um die Geste.

*Gib das, was du dir am meisten wünschst –
denn alles kehrt zu dir zurück.*

74

Lassen wir fließen, was wir zurückerhalten möchten. Aber wir sollten nichts erwarten, denn nur wenn wir ohne jegliche Erwartungshaltung und Bedingung frei geben können, werden wir zurückerhalten.

Was immer du geben kannst, gib es!
Übe dich in der Freigebigkeit, und schenke heilsame Eigenschaften. Dadurch entwickelst du auch heilsame Ursachen, woraufhin sich die entsprechenden heilsamen Wirkungen einstellen werden. Richte deinen Geist in die Richtung des "Gebens und Verschenkens", und übe dich in dieser Geisteshaltung. Nach und nach wird es sich im Handeln auswirken, und das bedingungslose "Geben können, ohne zurückzuerwarten" kommt in Fluss und wird sich über die ganze Erde verbreiten.

Lerne auch, dankend alles anzunehmen, was dir gegeben wird.
Vielen Menschen fällt es leichter, etwas zu verschenken, als etwas anzunehmen. Sie bekommen sofort ein schlechtes Gewissen und fühlen sich verpflichtet, dem anderen ein Geschenk mit einem ähnlichen Wert zurückzuschenken.

"Annehmen können" will also genauso geübt und gelernt werden wie "geben können". So dürfen wir lernen, etwas anzunehmen, ohne Schuldgefühle zu bekommen, denn vielleicht ist es ein Dankeschön oder eine "Wiedergutmachung" aus vergangenen Jahren oder Leben, etwas, was die andere Seele nun endlich ausgleichen möchte. Und so sollten wir dieser Seele auch etwas schenken: nämlich die Möglichkeit zum Ausgleich!

Lieben heißt geben.
Geben heißt dienen.
Dienen heißt lieben.

Herzensliebe-Praxis:
Ich gebe großzügig von ganzem Herzen und schenke dadurch einem anderen Menschen Freude, Hoffnung und das Gefühl der Zusammengehörigkeit.

Ich weiß, dass alles, was ich besitze, nicht mir gehört, sondern nur ein großes Geschenk für diese Inkarnation ist.

Ich teile alle meine Gaben, meine Talente, meine Fähigkeiten, mein Wissen und meine Liebe mit anderen Menschen und vertraue darauf, dass für mich immer gut gesorgt ist.

Ich übe mich im "Geben, ohne zurückzuerwarten".

Ich lerne das "Annehmenkönnen", ohne Schuldgefühle zu entwickeln.

Ich bin mir bewusst, dass sich im Geben und Teilen die Herzensliebe erfüllt.

*Geben und Nehmen
gehören zusammen wie Ebbe und Flut,
wie Tag und Nacht,
wie Ein- und Ausatmen.
Sie brauchen einander, um
wirken und fließen zu können.*

Kein Mensch müsste an Hunger sterben.
Wie kann es sein, dass es in einem Land, in dem so viele Millionäre und sogar Milliardäre leben, viele Menschen auf der Straße leben? Haben diese armen

Menschen ihr Schicksal selbst verschuldet? Sind sie die Verlierer in der Gesellschaft, und konnten sie sich in dieser Ellenbogengesellschaft nicht durchsetzen; sind sie an ihrer Schwäche gescheitert? Es scheint so.

Schaut man hinter die Schicksale dieser Menschen, so erfährt man, dass sie oft z. B. die Trennung von ihrer Frau nicht verkraften konnten, dann zum Alkohol griffen – und schon drehte sich die Spirale nach unten. Sie waren zu schwach, um für sich selbst zu kämpfen.

Es war kurz vor Weihnachten ... als die Straßen von konsumfreudigen Menschen übersät waren. Da fiel mir ein Obdachloser auf, der alle Passanten, die an ihm vorbeigingen, um ein paar Cent bat. Unabhängig davon, ob er etwas bekam oder nicht, sagte er anschließend sehr freundlich zu jedem: "Ich wünsche Ihnen noch einen schönen Abend." Dieser Satz klang lange in meinen Ohren nach und machte mich sehr nachdenklich. Da gab ein armer Mensch etwas, obwohl er nichts bekommen hatte. Ich überlegte, drehte mich um und ging zurück. Seine Erzählungen berührten mich. Er sprach von Schicksalsschlägen, die er nicht hatte verkraften können und wegen der er auf der Straße gelandet war. Vor ihm lag ein Schuhkarton, in dem er die Münzen sammelte, und ich fragte ihn, wie viel Bier er sich von dem Erlös pro Tag kaufen könnte. Er erzählte mir, dass man das Leben auf der Straße nur mit Alkohol ertragen könne. Aber das Geld, das er an einem Abend einnimmt, wird am nächsten Morgen mit seinen anderen obdachlosen Kumpels brüderlich geteilt. Alle werfen ihre Einnahmen zusammen und teilen. »Alle Achtung!«, dachte ich, diese Obdachlosen halten zusammen und teilen ihr bisschen Geld untereinander. Egal, wie viel jeder von ihnen eingenommen hat, sie teilen es gerecht untereinander auf. Wahrhaft vorbildlich. Ich ging tief berührt weiter.

Wenn wir einen Obdachlosen sehen, nehmen wir zunächst meist nur einen schmuddeligen Menschen wahr, aber wir erkennen nicht die Seele, die dahintersteckt.

Diese Menschen werden von vornherein als Nichtsnutz, Faulpelz und als Versager abgestempelt, und kaum jemand vermutet, dass sich hinter diesen Bier trinkenden traurigen Gestalten oft große und weise Seelen verbergen, die sich in einer freiwillig ausgesuchten Inkarnation bereiterklärt haben, der herzlosen Gesellschaft einen Spiegel vor die Augen zu halten. Vielleicht wollen diese Menschen uns an etwas erinnern, nämlich daran, dass wir alle aus der gleichen Quelle stammen und alle zusammengehören. Und vielleicht erfahren wir es erst ganz zum Schluss, wenn wir wieder in unsere geistige Heimat zurückgekehrt sind, an welchen großen und weisen Seelen wir achtlos vorbeigelaufen sind, ohne sie eines einzigen Blickes zu würdigen.

Anerkennung und Wertschätzung

Die meisten Menschen wünschen sich, von ihrem Umfeld beachtet und wahrgenommen zu werden. Sie möchten mit all ihren Stärken und Schwächen als Person respektiert und angenommen werden und erhoffen sich für ihre Tätigkeiten Anerkennung und Wertschätzung. Wie wunderbar ist es, wenn sie auf Menschen treffen, von denen sie diese Beachtung und Anerkennung erhalten. Dann fühlen sie sich glücklich und wohl, sie blühen regelrecht auf und erhalten durch diese Bestätigung neuen Auftrieb für ihr Leben und ihre weiteren Tätigkeiten.

Die Anerkennung und Wertschätzung eines Mitmenschen ist letztendlich eine Anerkennung der

Göttlichkeit, die in jedem Menschen wohnt. Es ist eine Danksagung, ein Geschenk von Herz zu Herz und der Beginn der Verbreitung der Herzensliebe. Seelen, die in allem die Göttlichkeit wahrnehmen, fällt es leicht, ihren Mitmenschen mit Respekt, Demut und Wertschätzung zu begegnen. Sie werden für jedes lebendige Wesen Achtung empfinden und diese ohne Probleme auch zum Ausdruck bringen können. Selbstverständlich werden sie sich auch selbst mit Achtsamkeit und Ehrerbietung behandeln.

Leider ist es fast überall so, dass die meisten Menschen von ihrem Umfeld wenig Lob oder Anerkennung erhalten, und dann endet ihre Erwartungshaltung in einer Enttäuschung. Das ist keinesfalls schlimm oder peinlich, sondern nur allzu menschlich. Wir alle kennen diese Gefühle, die uns an uns selbst zweifeln lassen. Es sind spezielle Lektionen, an denen wir reifen und wachsen können. Jeder von uns ist auf dem Weg des Lernens und Erkennens unterwegs, und wir werden so lange eine Enttäuschung als Antwort erhalten, bis wir erkannt haben, dass wir es sind, die etwas verändern müssen.

Wir fühlen uns glücklich, wenn unsere Göttlichkeit beachtet und wertgeschätzt wird und wenn uns unser Gegenüber aufmerksam zuhört und uns respektvoll behandelt. Dann fühlen wir uns bestätigt und angenommen. Wir wünschen uns, für das, was wir sind, geschätzt und geachtet zu werden, und hoffen, dass unsere Wünsche wahrgenommen werden, dass Ereignisse wie Geburtstage, Hochzeitstage und sonstige Jahrestage nicht vergessen werden und dass auch das Essen, das wir gekocht haben, wertgeschätzt wird. Es ist prima, solche Wünsche zu haben, denn sie zeigen uns letztendlich, dass wir etwas in uns verändern möchten.

Anerkennung von anderen Menschen zu erwarten ist wunderbar, dies ist der erste Schritt zur Veränderung, denn erhalten wir keine Anerkennung, müssen wir uns fragen, warum das so ist, und dadurch entwickeln wir uns weiter. Der andere Mensch spiegelt uns etwas, was uns fehlt, und er zeigt uns, wie wir mit uns selbst umgehen.

Wer Anerkennung und Wertschätzung
für sich selbst entwickelt,
wird sie auch von anderen erhalten.

HERZENSWÄRME, GEBORGENHEIT UND NÄCHSTENLIEBE

Die Liebe zum Nächsten,
zur Natur, zu allen Mitgeschöpfen
und zu allem von Gott Erschaffenen
ist die Bestimmung und Erfüllung
des menschlichen Daseins auf Erden.

Ein freundliches Lächeln kann Wunder bewirken ... ebenso ein herzliches Dankeschön, ein Lob oder ein nettes Wort. Was haben wir zu verlieren, wenn wir diese kostenlosen Dinge mit der großen Wirkung verschenken?

Wir sehnen uns alle nach Herzenswärme und Geborgenheit und wünschen uns die Werte von Menschlichkeit und Mitgefühl für unsere kalte Ellenbogengesellschaft. Aber kaum einer traut sich, einen fremden Menschen einfach einmal anzulächeln.

Dabei wünschen wir uns so sehr, dass wir von anderen liebevoll und freundlich angelächelt werden. Es würde unserem Herzen so gut tun und uns Freude und Auftrieb schenken.

Woran liegt es, dass dieses herzliche Miteinander in unserer Gesellschaft nicht üblich ist? Fehlt uns allen der Mut, den ersten Schritt zu wagen? Haben wir Angst, uns etwas zu vergeben, wenn wir Herzenswärme versprühen? In sozialen Berufen finden wir oft Menschen, die ihren Dienst mit viel Herzgefühl verrichten. Gerade in Krankenhäusern ist eine warmherzige, liebevolle Krankenschwester ein Segen für die Patienten, die dadurch schneller gesunden. Ein paar Worte des Trostes, ein freundliches Lächeln, ein kleines Lob oder aufmerksames Zuhören versetzen den anderen in diese wohlige und geborgene Glücksstimmung, die etwas mit Herzenswärme, Mitgefühl und Menschlichkeit zu tun hat.

Das andere Beispiel in unserer Gesellschaft sind gefühlskalte, hartherzige Menschen, die oft in Berufszweigen zu finden sind, in denen Menschlichkeit, Zuwendung und Mitgefühl alles andere als erwünscht sind und sich womöglich sogar störend auswirken könnten. Gefühle und Emotionen werden hier diszipliniert unterdrückt und bleiben in den

Katakomben des Herzens verschlossen. Im tiefsten Inneren dieser Menschen wohnt dennoch die Hoffnung, die sich nach den ursprünglichen Idealen der Menschlichkeit sehnt. Viele würden so gerne ihre Gefühle offenbaren, ziehen es aber vor, sie zu unterdrücken, um nicht angreifbar zu sein. Sie haben Angst vor diesem Öffnen und Zulassen, sie trainieren stattdessen ihre Verschlossenheit und bauen sich zur Sicherheit noch dicke Mauern um ihren Gefühlskörper. Den Gefühlen und Emotionen wird keine Erlaubnis für einen öffentlichen Auftritt gewährt. Dabei würde es dem einen oder anderen sehr gut tun, sein Herz zu öffnen und den Tränen freien Lauf zu lassen – fließen lassen, was fließen möchte, damit kein Emotionsstau im Körper entsteht.

Menschlichkeit und Herzenswärme wären ein sinnvolles "Geschenk" und eine Bereicherung für alle Führungspersönlichkeiten, die mit kühlem Kopf taktisch klug die materialistische Welt regieren und ihre Herzen verschlossen halten, um in ihrer Macht unangreifbar zu sein. So glauben sie es jedenfalls. Die neue Zeit der Veränderung, die nach Gerechtigkeit und Ausgleich strebt, wird diese veraltete Form der machtvollen Ausbeutung jedoch nicht mehr zulassen. Ein neues Bewusstsein der Menschlichkeit und

Herzenswärme wid dann die Welt regieren. Die Zeit ist überreif für diesen Wandel der Gerechtigkeit.

Es ist ein wohltuender Gedanke zu wissen, dass in allen Menschenherzen diese kleine Flamme aus Licht und Liebe lodert und dass in allen Herzen die Herzenswärme verankert ist – die sich beispielsweise in der Nächstenliebe zeigt.

Nächstenliebe ist die Bereitschaft, in einem anderen Menschen den gleichen Gottesfunken zu erkennen, der in einem selbst sowie in allen anderen Menschen wohnt.

> Oh Wanderer, steh still und bete für mich,
> einst werden andere beten für dich.

Dieser Spruch stand auf dem Grabstein meiner Oma, und ich nehme erst jetzt die Bedeutung richtig wahr: die Aufforderung, Nächstenliebe zu praktizieren. Er erinnert mich auch an eine wunderbare Geste der Nächstenliebe, die ich durch einen lieben amerikanischen Freund kennen gelernt und übernommen habe: Wir saßen in einem Gartenrestaurant, als von weitem ein Rettungshubschrauber im Anflug war. Mein Freund legte sofort das Besteck beiseite und fing an zu beten. Er richtete seine geöffneten Handflächen nach oben zu dem Hubschrauber und bat die Engel darum, durch seine Hände Heilenergie, Kraft, Trost, Durchhaltevermögen und Zuversicht zu dem Verletzten zu senden und dem Opfer zu helfen, es zu retten und zu heilen. Ich war von dieser Aktion zutiefst berührt, denn nie zuvor hatte ich mir Gedanken über einen vorbeifliegenden Rettungshubschrauber gemacht. Heute bete ich ebenfalls in solchen Situation.

Für einen anderen Menschen zu beten,
ist ein großer Dienst der Demut
und eine stille Form der Nächstenliebe.

Es ist so einfach, die Nächstenliebe zu praktizieren, füreinander da zu sein und zu helfen. Diese stille Hilfe kann überall dort eingesetzt werden, wo ein anderer Hilfe benötigt. Wenn beispielsweise ein Krankenwagen mit Blaulicht vorbeifährt, können wir sofort gute Gedanken und Gebete senden, denn die Fürbitten kommen bei dem Verletzten an und wirken. Gerade in seiner schwersten Stunde kann diese Form von Nächstenliebe eine große Hilfe, Rettung und Segen für sein Leben bedeuten.

WIR SIND ALLE SCHÖPFER

"Gedanken sind geflügelte feurige Rosse.
Ungezügelt stürmen sie mit dir davon,
wohin du nicht willst.
Weißt du sie aber zu lenken,
so wirst du deines Schicksals Meister."

Joseph Anton Schneiderfranken
deutscher Schriftsteller und Maler, genannt Bo Xin Ra, 1876-1943

Nachdem Gott die Erde geschaffen hatte, erschuf er den Menschen nach seinem Ebenbild und schenkte ihm eine göttliche Fähigkeit: das Schöpfen. Durch dieses großzügige Geschenk sollte sich die Seele bewusst an ihre Göttlichkeit erinnern. Sie durfte sich mit ihrem freien Willen selbst entscheiden, wie und was sie schöpfen und in ihrem Umfeld manifestieren und entstehen lassen wollte.

Und so begannen die Seelen voller Freude und Enthusiasmus, bewusst und sehr sorgfältig auszuwählen. Es machte ihnen großen Spaß, und sie probierten sich in vielen Themen aus, wurden immer schneller und auch immer unachtsamer, woraufhin sich Resultate einstellten, die sie sich nicht gewünscht hatten. Unkontrolliert sandten sie ihre Gedanken zügellos und mit großer Geschwindigkeit in die Welt hinaus. Dieser unachtsame Einsatz ihrer Schöpfungsenergie wurde ihnen jedoch zum Verhängnis, und sie entfernten sich immer weiter von ihrem göttlichen Bewusstsein. Die "Umweltverschmutzung", die durch ihre destruktiven Gedankenformen entstand, wurde durch Nachlässigkeit und mangelndes Bewusstsein ausgelöst, hat sich in der Materie sichtbar manifestiert und ist das unerwünschte Ergebnis einer negativ eingesetzten Schöpfungsenergie.

Jeder ist seines Glückes Schmied!

Jeder Mensch, der etwas denkt, schöpft etwas. Werden diese zarten feinstofflichen Gedankenbilder immer wieder mit neuer Schöpfungsenergie beseelt, dann ernährt man sie unbewusst – so lange, bis sie sich verdichten und sich ausgereift manifestieren können. Dann wird die erdachte Schöpfung sichtbar. Unsere Gedanken werden quasi durch uns geschöpft, mit Energie beseelt und dann geboren – und mit ihnen unser ganzes Umfeld. Das ist eine große Freiheit und ein Geschenk, beinhaltet aber zugleich auch viel Vertrauen, welches der Schöpfer in uns gesetzt hat, denn schließlich besteht auch die Gefahr, dass wir durch destruktives Schöpfen den Planeten Erde in Gefahr bringen – und bereits gebracht haben.

Für das Resultat des unbewussten, unkontrollierbaren Gedankenausrittes ohne Zügel und Ziel sind wir genauso verantwortlich wie für das bewusst kontrollierte Schöpfen und Manifestieren. Wir besitzen die freie Schöpferkraft und können selbst entscheiden, was sich manifestieren soll. In jedem Augenblick stellen wir mit jedem Gedanken die Weichen für unsere Zukunft. Doch oft denken wir "gedankenlos", ohne an die Konsequenz zu denken. Spontaneität aus dem Bauch heraus ist zwar recht positiv, aber in diesem Fall ist ein Innehalten und der Gebrauch des Verstandes für ein "Nach-Denken" und zur Kontrolle der Gedanken von Vorteil.

Wir sollten lernen, achtsam und bewusst zu schöpfen. Wenn wir etwas Gutes für uns erreichen möchten, so sollten wir der Aufmerksamkeit un-

seren Gedanken gegenüber höchste Priorität ein-
räumen, denn alles, was wir denken, manifestiert
sich und steht in unserer Verantwortung. Denken
wir liebevoll und senden Liebe aus, erhalten wir Liebe vielfach verstärkt zurück. Sind wir dagegen wütend und senden Hass aus, wird er in verstärkter
Form wie ein Bumerang auf uns zurück kommen.

Jeder Gedanke ist beseelte feinstoffliche Energie, die auf Reisen geht und unterwegs ähnliche Ge-
dankenenergie auffängt, um dann mit verstärkten
Kräften zum Aussender zurückzukehren und sich
vor ihm zu manifestieren. Die große Verantwortung liegt also in der Kontrolle der Gedanken.

Ich denke Gutes, und es wird eintreffen.

"Euch geschehe nach eurem Glauben" ... so
steht es in der Bibel, und was wir aussäen, das werden wir ernten, denn kein Gedanke bleibt ohne
Folgen. Wir sind ein "Mit-Schöpfer" und kreieren
uns unser Dasein selbst, denn das, was wir denken,
wird eintreffen. Denken wir an Angst, werden wir
sie auch zurückerhalten. Denken wir voller Liebe
und Zuversicht an eine intakte sowie schöne Welt
und herzliche, friedvolle und gesunde Menschen,

dann können sich nach dem Gesetz der Resonanz diese Gedanken manifestieren und Wirklichkeit werden.

Mit Achtsamkeit und Bewusstsein können wir unsere Gedanken- und Vorstellungskraft in liebevolle Bahnen lenken und damit für uns und unser Umfeld Gutes erschaffen. Alle Erfindungen beispielsweise wurden einst von Menschen zunächst einmal *erdacht*. Erfinder sind Pioniere, die durch die Anbindung an die geistige Quelle einen Gedankenimpuls aufgegriffen haben und diese Neuerung so lange mit ihren eigenen Gedanken ernährt und bearbeitet haben, bis sich das Ganze verdichtet hat und sich als Erfindung manifestieren konnte. Hier wurde nichts anderes getan als geschöpft.

Genauso ist es aber im negativen Fall mit unserer heutigen Welt, mit ihrer Flora und Fauna, mit den Verschmutzungen der Luft und der Meere, mit den Großstadt-Slums und Tierfabrik-Gefängnissen, mit vielen Naturkatastrophen und leidvollen Ereignissen für Mensch, Umwelt und Tierwelt. Sie alle sind das Ergebnis, die Manifestation, von menschlichen Gedanken, die ernährt und erschaffen wurden.

Herzensliebe-Praxis

Um zu registrieren, wie und was du denkst bzw. was du schöpfen möchtest, ist es von Vorteil, öfter am Tag innezuhalten und dich zu fragen: Was denke und schöpfe ich da gerade?

Ist mir bewusst, und ist es mir recht, in welcher Qualität ich gerade schöpfe?

Ist es etwas Positives oder etwas Negatives?

Wie oder was hätte ich gerne?

Was möchte ich manifestieren?

Schreibe dir auf:

Wie sieht die ideale Welt aus, in der du leben möchtest?

Welche Mitmenschen leben an deiner Seite?

Welche politische Ausrichtung und welche Umwelt wären für dich ideal?

Ernähre und belebe, so oft es geht, deine Schöpfungsgedanken, auf dass sie sich eines Tages nach deiner Vorstellung manifestieren können!

Die vielen Facetten
der Liebe

Den Weg der Herzensliebe zu gehen
und die göttliche Liebe auf Erden zu leben,
das ist der Sinn und die Erfüllung
aller Inkarnationen.

Die Liebe ist die stärkste Kraft im Universum und das beliebteste Thema auf unserer Erde. Alles dreht sich hier um die Liebe, die so geheimnisvoll, schön und aufbauend ist, die uns beflügelt, bewegt und unsere Herzen berührt sowie zur Höchstform aufblühen lässt – und die auf der anderen Seite ebenso viel Liebeskummer beschert.

Liebe ist Liebe – so könnte man annehmen. Und doch gibt es viele Facetten und Formen von ihr. Da gibt es die Mutterliebe, die Elternliebe, die bedingungslose Liebe, die Tierliebe, die All-Liebe, die Schöpferliebe, die Nächstenliebe, die partnerschaftliche Liebe, die Geschwisterliebe, die Liebe zur Musik, zur Natur, zum Hobby und zum Leben.

Die beliebteste Form der Liebe ist wohl die partnerschaftliche Liebe. Während viele Menschen glauben, ihr Liebesglück schon gefunden zu haben, wünschen sich die anderen die ganz große Liebe, ohne genau zu wissen, was diese Liebe bedeutet. Bei genauerer Betrachtung hätten sie gerne einen lieben Menschen an ihrer Seite, der ihnen treu ist, ihnen jeden Wunsch von den Augen abliest und sie so liebt, wie sie sind.

Wo ist sie also, diese Idealliebe, nach der sich alle sehnen? Wo ist der Mensch, der uns glücklich machen wird – und gibt es ihn überhaupt? Oder können wir die höchste Form der Liebe auch ohne Partner erreichen und leben?

Mutterliebe

Zu Beginn unseres Erdendaseins wurden wir in der Regel mit reiner und bedingungsloser Liebe empfangen. Unsere Mutter schenkte uns diese Liebe, die uns aus lichten Reichen sehr vertraut war. Wir sollten uns durch sie hier heimatlich geborgen fühlen und mit Herzenswärme im Schutz der Familie aufwachsen. Dies war der erste Kontakt mit der Herzensliebe auf dieser Erde.

Jugendliebe

Dann kam die Teenie-Zeit und mit ihr die Entdeckung des Körpers und der Zuneigung für das andere Geschlecht. Das erste Verliebtsein ließ Schmetterlinge durch den Bauch flattern, und diese Jugendliebe brachte auch die ersten Erfahrungen, Enttäuschungen und den Liebeskummer mit sich.

Partnerliebe

Wir streben unbewusst nach unserer anderen Hälfte, um wieder zur Einheit zu kommen. Mit der Wahl des Wunschpartners erfüllt sich für den einen oder anderen ein Traum, und für den anderen entwickelt sich die Liebe dagegen zu einem Alptraum. Die unerfüllten Erwartungen bringen eine tiefe Enttäuschung und ein Unglücklichsein hervor, und die einst große Liebe verwandelt sich in Abneigung und Gleichgültigkeit. Und dabei glaubte man einst, den Partner für immer und von ganzem Herzen lieben zu können. Die hohen Erwartungen und Bedingungen setzten diesem Liebestraum allerdings ein Ende.

Die Partnerliebe ist eine irdische Liebe, die der Polarität und Dualität entspringt. Sie ist im Schwerpunkt auch auf das Irdische begrenzt, also auf das

Sichtbare, das Materielle und das Körperliche. Natürlich lebt sie auch durch das Herz, aber das körperliche Sexualzentrum spielt bei dieser Liebe die etwas größere Rolle.

Die Partnerliebe hat mit Bedingungen und Erwartungen zu tun. Sie fordert von dem anderen Qualitäten und Eigenschaften, die man selbst nicht besitzt, aber in dem Partner unbewusst wahrnimmt und durch ihn ausleben möchte, um mit ihm zusammen die Ganzheit und Einheit zu leben. Werden diese Erwartungen und Möglichkeiten nicht erfüllt, ist eine tiefe Enttäuschung die Folge. Der enttäuschte und unglückliche Mensch kann seine einstige große Liebe sogar in Abneigung, Hassliebe oder gar in Hass umwandeln, wodurch er sich letztendlich aber nur selbst schadet.

Die Wunschliebe

Sie ist unsere allergrößte Liebe, auch wenn sie noch nicht in Sicht ist. Wo ist sie, die wahre Liebe? Wo ist dieser andere Mensch, der uns die wahre und bedingungslose Liebe und das echte Glück bringen soll?

Die Sehnsucht nach dieser idealen Wunschtraumliebe ist riesengroß. Aber was wäre, wenn sie uns plötzlich überraschen würde? Könnten wir die bedingungslose Liebe auch zurückgeben, oder hätten wir nur die übliche Liebe anzubieten? An diesem ungleichen Tausch könnte die Traumliebe hier auf Erden erneut zerbrechen, und die sehnsuchtsvolle Suche ginge weiter ... Es sei denn, der Suchende bereitet sich auf diese wahre Seelenliebe vor und studiert und praktiziert die Herzensliebe, die die höchste Form der Liebe ist.

Partnerlose Liebe

Das ist die allumfassende Liebe, die an keine Person gebunden ist. Sie wird auch durch die Sehnsucht nach der Einheit und Vollkommenheit im Herzen entfacht, ist aber frei von Erwartungen und Bedingungen.

Wir alle sehnen uns nach dieser wahren Liebe, die uns aus geistigen Reichen vertraut ist und die wir auch hier in diesem Leben erleben möchten. Unsere Seelen tragen eine große Sehnsucht danach in sich, denn sie wissen genau, dass diese allumfassende Liebe das höchste Glück bedeutet. Gelebte Herzensliebe wird mit dem ewigen Licht belohnt, nach dem wir von Anbeginn an streben.

Liebe ...
irdische Liebe
Liebe mit Bedingungen
Dualität

Herzensliebe ...
bedingungslose Liebe
All-Liebe
Ursprungsliebe
Schöpferliebe
Einheit

HERZENSLIEBE –
EMOTIONALE INTELLIGENZ

Mit einem erweiterten Bewusstsein
entwickelt sich die Herzensliebe.

Zu lieben, ohne Bedingungen zu stellen, ist die höchste und reinste Form der Liebe. Sie ist die wahre, ursprüngliche Liebe, die Schöpferliebe, die in jedem Menschenherzen verankert ist. Kein Verstand kann sie erfassen, begreifen oder verstehen. Sie kommt aus der Sphäre des Ursprungs, zu der unser Verstand keinen Zugang hat. Nur das Herz findet die Verbindung zur lichtvollen Quelle der göttlichen Einheit. So ist es verständlich, dass der Verstand gegen eine solche Liebe ist, sie anzweifelt und dagegen ankämpft. Denn warum sollte man bedingungslos lieben, ohne etwas davon zu haben oder ohne mit Sicherheit zurückgeliebt zu werden?

Der Verstand kalkuliert, rechnet, erwartet und stellt Bedingungen: "Wenn du mich liebst, dann liebe ich dich auch. Wenn du lieb bist, dann schenke ich dir etwas." – Das ist die irdische Liebe, die vom Verstand beeinflusst wird, und es ist die Liebe, die von den meisten Menschen in dieser Form gelebt wird. Wer ohne göttliche Anbindung ist und irdische Erwartungen hegt sowie Bedingungen stellt, der erhält auch die dementsprechende Liebe zurück, die nach irdischen Mustern gelebt wird.

Die Herzensliebe jedoch verbindet Gefühl und Intellekt und lebt das Göttliche und das Irdische – in vollkommener Harmonie. Sie ist frei von Urteil und Verurteilung, von Erwartungen und Bedingungen. Sie umfasst alles, ist nichtpolar und kennt keine Trennung, Teilung oder Polarität.

Wer nach der wahren Liebe sucht, sollte bereit sein, sie zuerst in sich zu entwickeln. Dafür ist nicht unbedingt ein Partner nötig, denn Herzensliebe spielt sich auf den höheren Ebenen des Geistes ab. Sie schließt die körperliche und irdische Liebe mit ein, weitet sich aber dennoch in höhere sowie lichtvollere Bereiche aus. Dann liebt man alle Menschen und alle Tiere und wird alles Leben schätzen. Wer liebt, kann unmöglich Leben töten. Wer Ehrfurcht vor dem Leben hat, wird es erhalten, pflegen und hegen.

Sich der Liebe hinzugeben, bedeutet zugleich, sich dem Leben hinzugeben und die Ereignisse anzunehmen, die das Schicksal der Lebensschulung für einen bereithält.

Herzensliebe ist die stärkste Kraft im Universum!

Sie ist unsichtbar, nicht fassbar und dennoch die stärkste Kraft im Universum. Sie kann durch geschlossene Türen und durch Mauern gehen, kann in Windeseile über Kontinente reisen und alles durchdringen. Die ewige Liebe kennt keine Grenzen und keine Begrenzung, keine Wände und keine Mauern. Sie ist die Energie und die Essenz der Einheit und beseelt alles von Gott Erschaffene mit dem Licht der Vollkommenheit.

Die wahre und bedingungslose Liebe wird die Sehnsucht unseres Herzens stillen. Das lichterfüllte Herz kann sich selbst, andere Menschen und Situationen so annehmen, wie sie sind, und mit allen Schwächen akzeptieren und lieben. So entsteht eine Plattform der Toleranz und der wahren Liebe. Aus dieser Herzensmitte heraus können wir mitfühlen und trösten, annehmen und verstehen, geben, ohne zu erwarten, achtsam zuhören und an Körper, Seele und Geist gesunden. Emotionale Intelligenz ist die Ausgewogenheit von Herz und Verstand. Sie wird die Welt in ein harmonisches Gleichgewicht bringen.

ERWECKUNG DER HERZENSLIEBE

Die Flamme der Ursprungsliebe
ist in jedem Menschenherzen verankert.
Sie schlummert und wartet darauf,
entfacht zu werden, um ihre Bestimmung als
Herzensliebe zu erfüllen.

In jedem Menschenherzen wohnt die göttliche Liebe. Es ist ein kleiner Funke, der Tag und Nacht in stiller Bereitschaft glimmt und darauf wartet, eines Tages entfacht zu werden, um als leuchtende und strahlende Flamme mit seinem Licht der Liebe das menschliche Sein erwärmen und erfüllen zu dürfen. Das ist die Mission der göttlichen Flamme, die oft viele hunderte von Leben sehnsuchtsvoll auf diesen einen Moment ihrer wahren Bestimmung wartet.

Begib dich auf die Reise in dein Innerstes,
und entdecke das Wunder in dir.

Meditation zur Erweckung der Herzensliebe

Mach es dir gemütlich und feierlich mit Kerzenlicht und einer wohltuenden sowie ruhigen Meditationsmusik.

Wenn du bereit bist, den Funken der Liebe in deinem Herzen zu entfachen, dann komm langsam zur Ruhe und bereite dich auf eine besondere Meditation vor.

Begib dich auf die Reise in dein Innerstes, und entdecke das Wunder in dir ...

Gehe in die Stille, und biete deinem Verstand und deinen Sinnen eine kleine Ruhepause an.

Entspanne dich ... schließe die Augen ... atme tief ein und aus ...

Richte deinen Blick nach innen.

Schenke den Gedanken, die sich zeigen, Beachtung, und lass sie dann wieder liebevoll los.

Auch die neuen Gedanken, die vorbeikommen ... sieh sie an ... beachte sie ganz neutral ... bedanke dich bei ihnen, und lass sie so wie die kleinen Wölkchen am Himmel friedvoll weiterziehen.

Ruhe – Stille – Harmonie –
Liebe – Herzenswärme

Geborgenheit – unendliche Weite –
Licht – Entspannung –

Frieden – Wohlgefühl – Zufriedenheit

Nachdem alle Gedanken an dir vorbeigezogen sind, fühle die tiefe innere Ruhe des Seins in dir.

Du ruhst nun beschützt und geborgen in deiner eigenen Mitte, im neutralen Zentrum deines Herzens.

Von hier aus nimmst du alle Ereignisse und Personen in einer neutralen Sichtweise - ohne Bewertung und Beurteilung - wahr.

Du kannst alles akzeptieren und annehmen, so wie es ist, und du weißt, dass alles richtig ist!

Du fühlst in deinem Herzzentrum, dass es keine Wertung gibt, sondern nur die Sichtweise der Einheit - die Vollkommenheit.

Bitte deinen Schutzengel, an deiner Seite zu weilen, um dich zu beschützen und gemeinsam mit dir das Licht in deinem Herzen zum Leuchten zu bringen. Sprich ein paar Worte zu ihm, und bitte ihn, die Verbindung zu deinem göttlichen Ursprung herzustellen.

Lenke die Konzentration auf dein Herzzentrum.

Dein liebevolles Herz ist der Mittelpunkt deines eigenen Universums sowie die Zentrale für göttliche Eingaben und das Licht der Liebe.

Sei nun bereit, die göttliche Lichtenergie der Liebe zu empfangen.

Fühle, wie das Licht ganz zart dein Scheitelchakra berührt, ganz langsam durch deinen Kopf und dich hindurchströmt und in deinem Herzen ankommt.

Lenke dieses Licht – wie durch ein Prisma gebündelt – auf den kleinen Funken, der darauf wartet, entzündet zu werden.

Erlebe bewusst diesen wunderbaren Moment deines Lebens, und beseele ihn mit deiner Energie.

JETZT, in diesem Augenblick, ist durch die Vereinigung der göttlichen Lichtenergie mit dem Funken der Ursprungsliebe die "Herzensliebe" erwacht!

Langsam und sanft breitet sie sich in deinem Körper aus und erfüllt dein ganzes Sein mit Wohlgefühl und Herzenswärme.

Das strahlende Licht der Liebe darf jetzt seine Mission als "Herzensliebe" erfüllen und aus deinem Herzen in die ganze Welt hinausstrahlen.

Wenn du möchtest, kannst du nun auch Kontakt mit deinen feinstofflichen Helfern, Freunden und mit deiner geistigen Familie aufnehmen und ihnen Fragen stellen.

Fühle dich von ihnen herzlich begrüßt, umarmt und gesegnet.

Vielleicht kannst du sogar Antworten auf deine Fragen empfangen.

Aber auch, wenn du nichts wahrnehmen solltest, ist es gut so; sie sind dennoch ganz nah bei dir und nehmen dich und deine Fragen wahr.

Bedanke dich bei ihnen für ihre Liebe und für alles, was sie schon für dich getan haben und weiter tun werden, und bitte sie, dass sie dich auf deinem irdischen Weg liebevoll beschützen und begleiten mögen.

Bedanke dich bei der göttlichen Energie, bei deinem Schutzengel und auch bei dir selbst, dass die HERZENSLIEBE an diesem heutigen Tag im Hier und Jetzt erblühen konnte.

Freue dich, und feiere diesen Augenblick; er ist der Geburtstag deiner Herzensliebe, der für dich zu einem besonderen Tag deines Lebens wird. Vielleicht notierst du ihn sogar in deinem Geburtstagskalender.

Fühle dich von deinen Lieben aus der geistigen Welt umarmt und gesegnet, und lass dich von ihrer Liebe und ihrem strahlenden Licht liebevoll durch deinen Alltag begleiten.

Öffne die Augen, und strahle das Licht mit einem Lächeln hinaus in die Welt.

Das Erleben der Meditation möge dich immer mehr beflügeln, in die Stille zu gehen, um in deine Mitte zu kommen und um dich mit dem großen lichtvollen Strom zu verbinden, von dem du mit grenzenloser göttlicher Energie versorgt wirst.

Das Licht unserer wahren Heimat versorgt uns mit grenzenloser Liebe, Herzenswärme, Trost und Geborgenheit.

SELBSTWERTGEFÜHL

Nur du allein kannst dein Leben verändern.

Schenkst du dir genügend Anerkennung? Kannst du dich selbst wertschätzen? Wie sieht es mit dem Selbstwertgefühl aus? Hast du ein Gefühl für den Wert in deinem Selbst?

Falls dein Selbstwertgefühl gering ist, wirst du mit anderen Menschen öfter einmal Schwierigkeiten haben, da du von ihnen erwartest, diesen fehlenden Teil in dir, also das fehlende Gefühl für deinen eigenen Wert, durch Anerkennung zu kompensieren. Bleibt diese Anerkennung aus, wird deine Erwartungshaltung in einer Enttäuschung enden, die du selbst ausgelöst hast. Doch den Wert und das Gefühl für dein eigenes Selbst kann dir kein Außenstehender vermitteln. Nur du allein kannst dieses Gefühl in dir aktivieren. Genauso wie die Herzensliebe in deinem Herzen entsteht, so entsteht auch das Selbstwertgefühl in deinem Innersten. Bevor du dich nicht selbst wertschätzt und anerkennst, werden dich auch andere Menschen nur sehr schwer so annehmen können, wie du bist.

Genauso verhält es sich mit der Liebe. Andere spüren, dass du etwas verlangst und unbewusst Bedingungen an sie stellst, und sie werden dich ebenfalls unbewusst so lange missachten, bis du dich im Spiegelbild erkannt hast und endlich wahrnimmst, dass du selbst die Person bist, die keinen Respekt, keine Liebe und kein Gefühl für ihren Wert in sich spürt. Nach dieser Erkenntnis kannst du dich fragen: Wie lange brauche ich diese Unzufriedenheit noch, und wie lange möchte ich diese Missachtung noch genießen? Möchte ich weiterhin jammern und mich beschweren und zugleich die Liebe erwarten, oder bin ich bereit, etwas zu verändern?

Du alleine kannst entscheiden, was du willst – und was du nicht willst. Niemand will dir Böses, und Menschen und Situationen spiegeln dir nur deine eigene momentane Situation. Sei dankbar, dass du im Spiegel des Lebens, im Außen, in deinem Umfeld dich selbst erkennen darfst. Sei den Menschen dankbar, die dir spiegeln, wie du mit dir selbst umgehst. Wenn du von anderen Menschen respektiert, geschätzt und geliebt werden möchtest, solltest du dir selbst zuerst diesen Respekt, die Wertschätzung und die Liebe entgegenbringen, die du dir so sehnlichst von anderen wünschst.

Lernen wir nicht aus Erkenntnissen, dann folgen die Enttäuschungen, die zum Wachrütteln wunderbar geeignet sind. Enttäuschungen sind sehr wertvoll, denn sie befreien von einer Täuschung. Das ist der Beginn einer wegweisenden Veränderung, denn jetzt kannst du dich von allen Bedingungen, Erwartungen, Abhängigkeiten und Täuschungen befreien und deinen Blick nach innen richten.

Du darfst in dir das Gefühl und den Wert für deine Person liebevoll erarbeiten, indem du eine Entscheidung treffen kannst und die Verantwortung für dich übernimmst. Das ist der Beginn einer Umwandlung. Genau in diesem Moment, in dem du anfängst, dich respektvoll zu beachten, in dem du den Wert deiner Göttlichkeit in dir wahrnehmen kannst und dich selbst voller Mitgefühl und treuer Freundschaft behandelst, wird sich dein Leben wunderbar verwandeln. Die liebevolle Wertschätzung deines Selbst wird keine Missachtung und schlechte Behandlung mehr akzeptieren. Du strahlst durch deine Zellen ein Wertgefühl aus, das die anderen Menschen unbewusst wahrnehmen.

Daraufhin werden sie dich voller Achtung und respektvoll behandeln. Die respektvolle und achtsame Behandlung und Wertschätzung der eigenen Person ist demnach der Grundbaustein und die Voraussetzung für die Selbstliebe und die Herzensliebe.

*Gelebte Herzensliebe
führt zu mehr Mitmenschlichkeit,
die unser Planet so dringend benötigt.*

SELBSTLIEBE

Die bedingungslose Liebe,
nach der wir alle unbewusst streben,
beginnt mit einer Erkenntnis, die besagt, dass
der Weg der Herzensliebe zuerst mit der
Reise zum eigenen Ich beginnt,
indem sich die Selbstliebe entwickelt.

Ein Mensch mit einem geringen Bewusstsein
wird bei dem Wort Selbstliebe sofort an Egoismus
oder Narzissmus denken. Ist sein Bewusstsein allerdings weiterentwickelt, wird er spüren, dass er
von einer größeren Kraft geführt und gelenkt wird.
Voller Demut wird er in seinem Selbst diese liebevolle Macht und Göttlichkeit wahrnehmen können
und von dieser lichtvollen Urquelle die Liebe empfangen, die sein ganzes Sein durchflutet.

Wer Gott in sich wahrnehmen kann, wird sich
ebenfalls als göttliches Wesen erkennen und somit
auch bedingungslos lieben können. Und wer sich

selbst wertschätzen und lieben kann, entwickelt automatisch die Fähigkeit, auch im Mitmenschen diesen göttlichen Funken wahrzunehmen und zu lieben, da er der gleichen lichtvollen Urquelle entspringt. Diese Liebe kann dann allen mitfühlenden Lebewesen sowie dem Natur- und Elementarreich entgegengebracht werden und weitet sich automatisch zur allumfassenden All-Liebe aus.

Bewusst oder unbewusst streben wir alle in unserem Leben nach einer glückselig machenden Liebe. Wir möchten lieben und geliebt werden. Das ist eine Art Grundbedürfnis, nach dem wir unsere Handlungen ausrichten und um das sich unser ganzes Erdendasein dreht. Auch wenn wir uns vordergründig mit dem Rechnen, Kalkulieren, Schreiben und anderen alltäglichen Aufgaben beschäftigen, so ist tief in unserem Herzen der Wunsch nach dieser bedingungslosen Liebe am Arbeiten und Wirken. Er ist wie eine Art Motor, durch den alles Lebendige am Laufen und am Leben erhalten wird.

Vielleicht sind wir dieses Mal – in dieser Inkarnation – endlich bereit, uns den langersehnten Wunsch zu erfüllen und Weg der grenzenlosen Herzensliebe wahrhaftig zu gehen. Es bedarf nur einer Entscheidung zu diesem ersten Schritt, der der Beginn eines wunderbaren und liebevollen Lichtweges ist. Um ihn zu gehen, sollte man neben Entschlusskraft und Willensstärke auch Demut, Lernfähigkeit, Geduld, Mut, Ausdauer und Verantwortung bereithalten. Was anfangs wie eine Entbehrung und wie Anstrengung aussieht, entpuppt sich am Ende als Belohnung und Bereicherung und wird zum größten Geschenk unseres Lebens.

Normalerweise dürfte es kein Problem sein, jemanden zu lieben, und eigentlich wissen wir ja alle, "wie das funktioniert" mit dem Lieben und Geliebtwerden – wenn da nicht immer diese Bedingungen mit im Spiel wären, die den ganzen Liebezauber zum Alptraum statt zu einem unendlich liebevollen Glückstraum werden lassen.

Herzensliebe zu leben,
verwandelt das Leben in ein Erlebnis
des Friedens, der Gesundheit, der Ganzheit,
der Zufriedenheit, des wahren Glücks,
der Erfüllung und der Glückseligkeit.

Aus der Herzensmitte heraus zu leben, führt
den Menschen zu seiner
eigentlichen Bestimmung.

DEIN KÖRPER –
DER TEMPEL DEINER SEELE

Die Liebe zum Körper beginnt im Geist.

Unser von Gott erschaffener Körper ist ein absolut einmaliges Meisterwerk. Nach einer bestimmten Bauweise wurde der Mensch mit Augen, Nase, Mund, Organen, Beinen und Armen, Knochen und Blutzellen, Gehirn und Haaren usw. ausgestattet und zusammengefügt. Dieses phänomenale Meisterwerk der Schöpfung dient als Wohnstätte der Seele für ihren Aufenthalt auf dieser Erde und wurde nach einem einheitlichen Prinzip kreiert. Eine Seele mit einem großen Bewusstsein wird sich in Demut vor diesem von Schöpferhand gefertigten Kunstwerk verneigen und bedanken. Sie wird ihre irdische Körperwohnung mit den intelligenten Zellen und Zentren hegen und pflegen und bestens in Ordnung halten. Der Körper wird sich mit Vitalität, Ausdauer und Gesundheit bedanken.

Des Nachts, wenn die Seele den Körper verlässt und in die geistigen Sphären reist, um an Schulungen teilzunehmen, darf sich der Körper ausruhen und regenerieren. Während der Nachtruhe übernehmen intelligente Überwachungssysteme die Arbeit und arbeiten auf Sparflamme weiter. Selbstständig schlägt das Herz, arbeitet der Blutkreislauf, werden Zellen repariert und neue Zellen geboren, und ohne Unterlass arbeitet das Körpersystem weiter, um der Seele am nächsten Morgen wieder kraftvoll zur Verfügung stehen zu können. Ist dieser pausenlose und dienende Einsatz nicht unglaublich?

Hallo, du wunderbare und liebe Seele ... welch eine große Leistung voller Liebe und Fürsorge vollbringt dein Körper Tag und Nacht für dich. Er möchte, dass es dir gut geht. Vielleicht hast du auch eine Idee, eine Überraschung für ihn und belohnst ihn mit einem Geschenk. Guten Freunden schenkt man doch auch etwas. Lass dich inspirieren, und lass dir etwas Schönes einfallen, worüber er sich freuen wird: ein wohliges Bad vielleicht, ein Kur-Urlaub, eine Massage oder ein Sauna-Besuch. – Überrasche deinen Körper mit einem liebevollen Geschenk, und bedanke dich bei ihm! Vielleicht schreibst du ihm auch eine schöne Karte, kaufst ihm einen kleinen Pokal für besondere Verdienste oder gönnst allen Organen einmal einen Urlaubstag zum Entspannen und Ausruhen, indem du einen Tag lang nur Tee oder Säfte trinkst. Oder du bringst ihn nach einem duftenden und entspannenden Bad einmal rechtzeitig ins Bett, damit er so richtig regenerieren kann. – Nimm dir Zeit für eine liebevolle Zeremonie, und bedanke dich bei deinem Körper!

Bedanke dich bei deinen Füßen,
die so viel für dich leisten und schon zig tausende von Schritten mit deinem Körper unterwegs waren. Sie freuen sich über eine Anerkennung für ihren unermüdlichen Dienst. Fühle mit ihnen, und pflege sie. Gönne ihnen öfter ein basisches Fußbad, creme sie ein, massiere sie und bedanke dich für ihren liebevollen Einsatz.

Bedanke dich bei deinen Händen,
sie haben schon so viel für dich gearbeitet. Sie dienen dir und schreiben für dich, sie halten und tragen für dich. Sie ziehen deine Kleidung an und

aus, sie kochen, putzen und lenken das Auto, sie bezahlen, sie streicheln, sie wirken und arbeiten für dich ohne Unterlass. Erwidere ihren liebevollen Einsatz, und bedanke dich bei ihnen für ihren unermüdlichen Dienst. Klar, du kannst ihnen auch ein Küsschen geben, sie freuen sich darüber und empfinden und fühlen deine Anerkennung und Dankbarkeit. Es sind intelligente Zellen.

Bedanke dich bei deinen Augen.
Schau in den Spiegel, und blicke in deine Augen. Sie sind das Tor zu deiner Seele.

Lege sanft die Finger auf deine Augen, und danke ihnen dafür, dass sie für dich alles erkennen, erblicken, anschauen und überschauen. Sie dienen dir unaufhörlich, indem sie für dich Buchstaben erkennen, Schilder lesen, Fernsehen schauen, Gesichter wiedererkennen und deine Seele mit der Schönheit der Farben und der Natur beglücken. Sie behalten den Überblick beim Autofahren, sehen Ampeln und Verkehrsschilder, lenken deine Füße über holprige Wege und warnen dich vor dem Abgrund. Manchmal werden sie überstrapaziert, wenn sie lange Zeit vor dem Computer sitzen müssen, um alles für dich zu erspähen.

Trotzdem sind sie bereit, noch des Nachts bei Dunkelheit die Sterne am Himmel für dich einzufangen, damit du dich freuen kannst.

Bedanke dich bei ihnen, und gönne ihnen zwischendurch ganz bewusst einmal eine kleine Pause, indem du sie zumachst, damit sie sich für einen Augenblick ausruhen können. Danke ihnen in dieser Zeit für ihren aufopferungsvollen Dienst.

Bedanke dich bei deinen Ohren.
Lege die Hände liebevoll auf deine Ohren. Auch sie sind treue Helfer und hören für dich Naturgeräusche, Vogelgezwitscher, das Plätschern eines Baches, Alarmsignale und Lachen, das Klingeln des Weckers, Musik oder die Worte anderer Menschen. Immerzu sind sie im Einsatz für dich und auf Empfang. Danke auch ihnen für ihren ständigen Bereitschaftsdienst.

Bedanke dich bei allen Organen und bei deinen Knochen.
Sende allen Organen und Sinnesorganen ein Dankeschön. Bedanke dich auch bei den Knochen, die deinen Körper stabil halten. Danke deiner Haut, die

für dich so vieles an Gefühlen wahrnimmt und an dich weiterleitet.

Und dann frage alle, womit du ihnen eine Freude machen könntest. Ja, sprich mit ihnen. Es sind intelligente Zellen, die dich verstehen. Frage sie, was ihnen gut tun würde.

Feiere deinen Körper!

Denke dir einen Tag aus und dann schenke deinem Körper mit allen Organen Zuwendung, Dank und viel Liebe – von ganzem Herzen.

Wertschätze den Tempel deiner Seele, denn er ist das Vehikel, mit dem du dich hier auf dieser Erde bewegen kannst. Verspüre Zuneigung und Mitgefühl für ihn. Pflege und beschütze ihn liebevoll, und sei gut zu ihm. Frage ihn, was er gerne mag, was er gerne essen möchte und was ihm gut bekommt. Vielleicht möchte er fettarm essen oder mehr Wasser trinken. Vielleicht möchten die Organe, wie z. B. der Darm, nicht mehr so viele Überstunden machen und spätestens abends ab 20 Uhr endlich Feierabend haben, damit sie sich über Nacht regenerieren können. Auch die anderen Organe und

Zellen sind für eine angemessene Nachtruhe sehr dankbar.

Spüre, was dein Körper wünscht. Behandle deine Zellen und Organe so, als seien sie deine Angestellten und du der Chef. Belohne sie für ihre Arbeit. Frage dich, was für ein Chef du sein möchtest. Ein gerechter, gutherziger, der seine Angestellten gerecht entlohnt? Oder willst du ein herrschsüchtiger Chef sein, der seine Mitarbeiter ausbeutet, sie schlecht versorgt, ihnen das Falsche zu essen gibt und sie missbraucht, indem er sie mit Rauch umnebelt und sie zu Überstunden bis spät in die Nacht zwingt? Wie behandelst du die Abteilungsleiter deiner Organe und die Putzkolonnen deines Blutkreislaufs?

Lass deiner Fantasie freien Lauf, und denke über einen angemessenen Lohn nach sowie über Freizeit und Nachtruhe. Erkenne in dir selbst das riesengroße Imperium, dessen Chef du bist.

Danke deiner Seele, deinen Gedanken und deinen Gefühlen.

Ständig sind deine Gedanken im Einsatz für dich. Sie überlegen und suchen nach Lösungen. Sie suchen nach Ideen, nach Verbesserungsvorschlägen und nach Neuerungen, um das optimale Ergebnis für dich zu erzielen. Bedanke dich bei ihnen. Denke dabei auch an alle Entscheidungen, die sie gestern und vorgestern getroffen, aber heute durch bessere Lösungen ersetzt haben.

Bedanke dich auch bei deinen Gefühlen, die dich bisher zu himmlischen Höhenflügen und tiefen Talfahrten entführt haben. Sie halten dich lebendig. Sei ihnen dankbar, dass sie etwas für dich fühlen, um dir etwas mitzuteilen.

Und dann sei deiner Seele dankbar, denn sie ist der Koordinator deines ganzen Systems, das aus dem Körper, dem Geist und der Seele besteht. Sie möchte (zusammen mit dem Geist) in deinem Körper auf dieser Erde eine weitere Schulung der Erkenntnis absolvieren. **Ermögliche deiner Seele daher einen langlebigen Aufenthalt.** Werde dir bewusst, was du bist und wer du bist und was du dir vorgenommen hast, in dieser Inkarnation zu lernen.

Begegne dir neu. Werde dir deines großartigen göttlichen Systems bewusst, und fühle deine Einmaligkeit.

Erkenne, dass du wie eine Familie bist:
Vater, Mutter und Kind –
aus Körper, Seele und Geist.

Nimm dein inneres Kind wahr.

Gehe mit deinem inneren Kind in einen Spielwarenladen, und kaufe ihm etwas Lustiges, Freudvolles, Schönes (vielleicht einen Teddybären oder ein Micky-Mouse-Heft). Es kann natürlich auch ein dickes Eis mit Sahne sein. Schäme dich nicht, im Gegenteil, sei glücklich, dass du dein inneres Kind wahrnimmst.

Wann hast du eigentlich das letzte Mal auf einer Schaukel gesessen? Vielleicht gibt es einen Spielplatz in deiner Nähe. Gönne dir dieses Erlebnis, ich mache es auch oft und freue mich dabei jedes Mal wie ein kleines Kind.

Nimm die Mutter in dir wahr.

Fühle und empfinde, wie sie für dich sorgt, wie sie dich tröstet, dich füttert und abends mit deinem Schnuller ins Bettchen bringt ... räusper ... nein, das wird sie wohl kaum tun. Ich wollte dich nur einmal zum Schmunzeln bringen. Es geht eher um die mütterliche Fürsorge, um die bedingungslose Liebe und das Mitgefühl.

Nimm den Vater in dir wahr.
Erkenne in dir das männliche Prinzip des Vaters, der mit seinen vorbildlichen Eigenschaften für dich sorgt. Entdecke in dir den Mut, die Kraft, die Stärke und den Schutz.

Erkenne, dass du komplett bist.
Du bist ein Lehrer, ein Schüler und ein Allwissender zugleich. Ja, du weißt alles. Du darfst dich nun wieder an alles erinnern.

Nimm deine Feinstofflichkeit wahr.
Spüre deine Aura, die deinen Körper wie einen feinen Schleier umhüllt. Bedanke dich bei allem, was dich ausmacht. Sieh in dir ein wunderbares, einmaliges licht- und liebevolles Schöpfungswerk. Spüre in dir die Vielfalt aller Wesensanteile, aus denen du zusammengesetzt bist.

Nimm auch die vielen liebevollen geistigen Helfer an deiner Seite wahr. Sie sind nur für dich da und begleiten dich mit ihrer Liebe, ihrer Kraft, ihrem Schutz, ihrem Trost und ihrer fürsorglichen

Mithilfe durch dieses Leben. Sie warten darauf, von dir beachtet und angenommen zu werden. Bitte sie, dein Bewusstsein mehr und mehr zu erweitern und dir zu helfen, dich selbst und deinen Plan hier auf Erden zu erkennen.

Wenn du dir all dies bewusst gemacht hast, veranstalte dir zu Ehren ein schönes Fest, und halte eine große Rede. Entdecke dich und deinen Körper neu, und fühle die intelligente Göttlichkeit, die in jeder Zelle verankert ist. Bedanke dich bei all deinen Helfern für ihren treuen und aufopferungsvollen Dienst. Erkenne, dass dein Körper wie ein großes Universum ist. Da gibt es eine Herz-Galaxie und eine Nieren-Galaxie, eine Leber-Galaxie und viele andere Galaxien und Energiezentren sowie das Magen- und Darmsystem, das das große Umwandlungszentrum für die Mittel ist, die dich am Leben erhalten.

Genauso wie die Sterne entstehen und immer wieder verglühen, so werden auch in deinem Körper-Universum immer wieder neue Zellen geboren, die nach einer Weile wieder absterben. Das Leben pulsiert, und alles ist in ständiger Bewegung. Danke in diesem Zusammenhang auch deinen Haaren, die feine Empfangsantennen zu anderen Universen sind und Botschaften übermitteln.

Erfülle dir deinen langersehnten Traum.
Werde dir deiner Verantwortung bewusst, die du als Chef für dein riesengroßes Imperium und deine vielen Mitarbeiter hast. Sie warten darauf, von dir wertgeschätzt und geliebt zu werden, genauso, wie auch du darauf wartest, von anderen angenommen und bedingungslos geliebt zu werden. Ist das nicht so?

Erfülle dir deinen langersehnten Traum, und liebe dich selbst und dein System. Dann wirst du zur Liebe, die du dir von anderen wünschst. Dann geht ein vom Licht der Liebe durchflutetes Herz auf dem Weg der Herzensliebe hinaus in die weite Welt und erfüllt alles, mit dem es in Berührung kommt, mit der göttlichen Liebe.

Wer sich selbst liebt und den Weg der Herzensliebe geht, wird gerne die Verantwortung für seinen Körper, aber auch für seine Seele und seinen Geist übernehmen.

Um am Leben zu bleiben und sich optimal weiterentwickeln zu können, sind Körper, Seele und Geist auf eine spezielle Nahrung angewiesen. Wäh-

rend der Körper grobstoffliche Lebensmittel benötigt, hungern Seele und Geist nach feinstoffli-
cher Nahrung. Der erwachte Mensch mit einem
höheren Bewusstsein wird daher sorgfältig darauf
achten, was er isst und welche Schwingungen er
konsumiert. Er wird sich mit vitaler, natürlicher
und reiner Nahrung versorgen, die ohne Gentechnik
hergestellt wurde, ohne Chemie, ohne Zusatzstof-
fe und vor allem ohne Leid und Angst. Aus Liebe zu seinem Körper wird er sich mit aufbauen-
den Nahrungsmitteln, die reich an Lebenskraft sind,
versorgen und Speisen meiden, die Leid, Quälerei,
Aggression, Schmerzen und Angst enthalten. Die
feinstofflichen Schwingungen in einem Stück Fleisch
können auch nicht durch Kochen oder Braten aus-
gelöscht werden. Der Mensch konsumiert also neben Antibiotika und Wachstumshormonen auch
das furchtbare Leiden, die Schmerzen und die großen Ängste des getöteten Tieropfers.

Fleisch war einmal ein lebendiges Tier.
Es wurde unwürdig aufgezogen und dann gegen
seinen Willen getötet. Wer selbst schon einmal große Schmerzen und Ängste hatte, wird mit dem großen Leiden der Tiere und ihren Ängsten mitfühlen

können und überdenken, ob er die angstvollen Schwingungen des Tieres, das unwürdig und leidvoll gelebt hat und schmerzvoll zu Tode kam, unbedingt in seine Körperzellen schleusen möchte.

*Die Ernährung des Körpers
kann ein Gradmesser der Liebe sein.*

Je bewusster wir werden, desto bewusster werden wir das Essen für unseren Körper auswählen wollen, um ihn liebevoll und optimal mit lebensbejahender kraftvoller Energie versorgen zu können. Sonnengereifte Nahrungsmittel, die in Freiheit gereift sind, werden uns mit der Energie der Sonne und des Kosmos versorgen.

*Das Geheimnis
von strahlender Gesundheit und
Wohlbefinden liegt in der Auswahl
der richtigen Lebensmittel –
der "Mittel zum Leben".*

Auch die Essensaufnahme kann zu einer wunderbar harmonischen Handlung werden. Sie sollte die Werte der Achtsamkeit, der Aufmerksamkeit, der Wertschätzung und der Dankbarkeit beinhalten, die dadurch automatisch in unsere Zellen transportiert werden.

Wenn wir langsam und bewusst kauen und uns bewusst werden, was das Essen von "Lebens-Mitteln" bedeutet, werden wir dem Essen allergrößte Aufmerksamkeit und Wertschätzung schenken und es zu einer meditativen Zeremonie voller Harmonie werden lassen, bei der wir selbstverständlich Nachrichtensendungen und negative Gespräche vermeiden werden.

Die Ernährung des Geistes und der Seele sind Vorgänge, die unsere Sinne erfreuen. Eine schöne sowie beruhigende Musik, ein gutes Buch, aufbauende Gespräche, Kunst, der Anblick einer Sommerwiese mit vielen Blumen, liebe Freunde, Meditation, in die Stille gehen, all dies führt uns feinstoffliche sowie erhöhte Schwingungen zu, mit denen wir unsere Seele und unseren Geist ernähren.

Selbstliebe zu leben bedeutet,
neben dem Körper auch den Geist
und die Seele liebevoll zu ernähren.

LIEBE DEINE FEINDE

Das Gegenüber spiegelt das Ich.

Aus göttlicher Sicht betrachtet gibt es keine Feinde, doch in der irdischen Sphäre der Polarität gibt es das Duale, das Gegenüber, das Du. Das, was uns wie ein Feind erscheint, ist nur ein Mensch, der uns als Spiegel dient. Es ist das ICH in einer anderen Form. Wenn wir im DU einen Feind sehen, so erlauben wir uns also, in uns selbst einen Feind zu sehen. Doch wir haben immer die Wahl, es bleibt dem freien Willen überlassen, was er in dem Dual sehen möchte, einen Freund, einen Feind, ein Plus oder ein Minus.

Das DU ist ein Teil von uns, das durch die Trennung wieder sichtbar wurde. Die Menschen wollten sich selbst sehen, erkennen und wahrnehmen, deshalb gibt es auf der Erde ein Gegenüber. Das, was wir im Spiegel unserer Mitmenschen sehen, ist unser freier Wille, unser Schöpfergeist und das Resultat unserer bisherigen Errungenschaften. Gibt es einen Nachteil, wenn wir in unserem Gegenüber einen Freund sehen? Gibt es einen Vorteil für uns, wenn wir unserem Gegenüber mit Hass begegnen?

Auf unserem Weg zur Erfüllung möchten wir gut vorankommen und dazulernen. Die Fehler der Vergangenheit sind vergeben und vergessen. In dieser Inkarnation erhalten wir durch Menschen und Situationen erneut die Möglichkeit zu überprüfen, wie weit wir vorangeschritten sind bzw. wo wir uns befinden. Im Überwinden und Transformieren der Unannehmlichkeiten und Feindseligkeiten und durch das Umwandeln der negativen Feindbilder kommen wir auf unserem Weg der Selbstbemeisterung einen großen Schritt voran.

MITGEFÜHL

Wir gehören alle zusammen.

Mitgefühl entwickelt sich aus einer tiefen Demut gegenüber allem Leben und allem von Gott Erschaffenen. Es ist eine der wertvollsten menschlichen Tugenden und die höchste Form der Herzensliebe. In den kommenden Jahren wird sie von allergrößter Wichtigkeit für die Menschheit werden.

Die Fähigkeit, mit einem anderen Menschen mitfühlen zu können, lässt sich auf unterschiedliche Weise erreichen bzw. erlernen.

Mitfühlen durch das Erleben der gleichen Situation

Das Mitempfinden und Mitfühlen erreichen wir oft erst dann, wenn wir eine gleiche oder ähnliche Situation durchlebt haben – sei es ein Schicksalsschlag, eine Krankheit, Liebesleid, Trennung oder eine andere Sorge. Erst durch das eigene Erleben können wir eine andere Person verstehen und mit ihr mitfühlen. Wir können uns in den anderen Menschen hineinversetzen und spüren und fühlen genau, wie es ihm geht.

Das "Nicht-verstehen-Können" mancher Mitmenschen rührt daher, dass sie diese Situation einfach noch nicht erlebt haben und daher kein Mitempfinden und Mitfühlen entwickeln können.

Mitfühlen durch die Kraft der Vorstellung

Bei dieser Lernmethode müssen wir nicht warten, bis wir alt und grau sind oder selbst erst im Rollstuhl sitzen, um beispielsweise die Probleme von alten oder querschnittsgelähmten Menschen verstehen zu können. Es geht auch, wenn wir unsere Vorstellungskraft einsetzen und erspüren lernen, wie es dem anderen Menschen gehen mag.

Durch die Kraft der Vorstellung sind wir im Stande, mit Kranken, Armen, Wehrlosen, alten Menschen oder Erdbebenopfern mitzufühlen, ohne die Situation durchleben zu müssen.

Mitfühlen durch Bewusstseinserweiterung

Mit einem erhöhten Bewusstsein wächst die Erkenntnis, dass wir alle zusammengehören und miteinander verbunden sind. Verbunden damit nimmt unsere Feinfühligkeit und die Wahrnehmung der Einheit zu, die uns für die feineren Schwingungen von anderen Menschen sensibilisiert. Wir können sie wie mit einem telepathischen Empfangsgerät aufnehmen und dadurch "mitempfinden" und mitfühlen.

Während die Hungernden nachts vor quälendem Hunger nicht schlafen können, werden die Menschen mit einem erwachten Bewusstsein und sensiblem Feingefühl nachts ebenfalls nicht mehr schlafen können. Ihre sensibilisierten Antennen werden das Hungergefühl der Armen empfangen. Sie werden ihren Hunger regelrecht mitfühlen und mitempfinden und alles in Bewegung setzen, um die Lage zu verändern.

Mitgefühl ist das Gefühl der Einheit. Das Mitempfinden und Mitfühlen wird sich bei den "erwachenden Menschen" weiter ausprägen und ein neues Bewusstsein und Gefühl der Zusammengehörigkeit hervorbringen. Menschen, die das neue Bewusstsein erworben haben, werden es weder zulassen noch mitansehen können, wie Millionen Menschen auf unserem Planeten hungern und dadurch sterben, während die anderen im Überfluss leben.

Menschen, Tiere, Pflanzen, Steine und die Elemente Feuer, Wasser, Luft und Erde sind mit dem ganzen Kosmos und mit allen anderen Daseinsformen verbunden. Die erwachten Menschen, deren Herz mit Liebe erfüllt ist, erkennen und fühlen die Ganzheit und Einheit und werden alles daran setzen, damit es allen gut geht. Ihr hohes Bewusstsein vermittelt ihnen die Gewissheit, dass alle Lebensformen miteinander verwoben sind, und so werden sie die Verantwortung für alles von Gott Erschaffene übernehmen und dafür sorgen, dass die Energien von Mitgefühl und Herzensliebe alle Daseinsformen erreichen. Das passive Zulassen und Mitansehen, wie ein Mitmensch oder ein Mitgeschöpf von Menschenhand gequält wird und leiden muss, wird kaum noch möglich sein.

Wird der Funke der Liebe und des Mitgefühls im Herzen entfacht und die Flamme zum Leuchten gebracht, wird sie so stark und mächtig werden, dass sie sich automatisch verströmen und ausbreiten möchte. Es ist ihre Mission, die sich durch nichts aufhalten lässt.

Das erwachte Herz
spürt die große Verantwortung für
die Leiden des Mitmenschen und
aller fühlenden Wesen,
und es ist bestrebt zu helfen.

Herzensliebe-Praxis

Du kannst dein Mitgefühl entwickeln, indem du feinfühlender wirst. Feinfühlender wirst du, indem du angsterfüllte, leidvolle Nahrung aus deinem Speiseplan streichst. Durch eine fleischlose Ernährung entwickeln sich deine sensiblen, feinfühlenden Antennen. Doch nicht nur deine Antennen zur geistigen Welt werden so sensibilisiert werden, sondern auch die telepathische Verbindung zu anderen Menschen und mitfühlenden Geschöpfen, verbessert sich.

TIERLIEBE UND
TIERFREUNDSCHAFT

Die Ehrfurcht und Achtung
vor allem Leben und vor der Schöpfung
entfaltet sich in unserem Herzen
und verbreitet sich auf der ganzen Erde.

"Liebst du Tiere?"

"Oh ja, ich bin ein großer Tierfreund und sehr tierlieb", so lautet oft die Antwort.

Oft lieben die Menschen die Tiere jedoch so sehr, dass sie sie "zum Fressen gern" haben ...

Betrachten wir die Wörter "tierlieb" und "Tierfreund" einmal sehr bewusst, und definieren wir sie, dann erkennen wir, wie gedankenlos wir unsere Sprache einsetzen. Ein Tierfreund entpuppt sich letztendlich als Haustierliebhaber, und auch die "Tierliebe" empfinden viele Menschen sehr unterschiedlich. Während der eine seine lebendige Katze liebt, findet der andere einen kleinen lebendigen

Eisbären im Zoo niedlich – und der Nächste liebt das tote Tier auf dem Teller.

Wir müssen also zwischen Kuscheltieren und "Schnitzeltieren" unterscheiden ...
Die "Tierliebe" hat viele Facetten, Tiere sind nicht gleich Tiere. Es existiert, genauso wie bei den Menschen, eine Zwei-Klassen-Gesellschaft. Da gibt es die Kuscheltiere, die abgöttisch geliebt und verhätschelt werden, und dann die "Schnitzel- und Gulasch-Lieferanten", die keinesfalls Liebe erhalten, sondern als seelenlose "Verbrauchs- und Nahrungsgegenstände" behandelt werden. Diese armen Wesen erhalten in ihrem Leben alles andere als Streicheleinheiten oder liebevolle Zuwendung. Sie sind dem Menschen vollkommen schutzlos ausgeliefert, werden ihr ganzes Leben lang eingesperrt und dürfen oft nie das Tageslicht sehen, sich frei entwickeln oder mit ihren Tierkameraden spielen und ihre Kinder aufziehen. Sie ertragen ein schmerzliches, angstvolles Leben und fühlen in dem so genannten Tierfreund alles andere als einen Freund.

Ein wahrer "Freund der Tiere" jedoch wird alles unternehmen, damit es den Tieren gut geht. Er ist der Stärkere, und er wird den Schwächeren vor

Leid und Qualen beschützen und gut für ihn sorgen. Erst dann ist er ein wahrer Freund der Tiere und darf sich Tierfreund nennen.

"Tiere sind meine Freunde,
und meine Freunde esse ich nicht!"
George Bernard Shaw

Die Tiere wurden uns Menschen vertrauensvoll in unsere Obhut gegeben, damit wir gut für sie sorgen und sie als Mitgeschöpfe respektvoll behandeln. Diese Fürsorge ist gänzlich gescheitert. Tiere, die beim Stierkampf, auf der Jagd oder in den Versuchslabors grausam gequält werden, leiden fürchterlich. Sie erleben die Hölle auf Erden, während das Schoßhündchen aus goldenen Schüsselchen fressen darf. Auch die Kühe, denen man ihr neugeborenes Kälbchen nach der Geburt einfach wegnimmt, damit es zum Kalbsschnitzel werden kann, fühlen diesen Schmerz und leiden entsetzlich durch die Trennung. Würde einer Frau ihr Baby nach der Geburt einfach weggenommen werden, wäre das Spektakel riesengroß.

*Jedes Lebewesen hat das Recht auf Leben
und körperliche Unversehrtheit.
Die Würde des Menschen ist unantastbar!
– so steht es im Grundgesetz.
Das Gesetz für die "Würde der Tiere" steht
im Gewissen.*

Bei einem entwickelten Bewusstsein wird der
Mensch versuchen, die extreme Zwei-Klassen-
Behandlung der Tiere wieder ins Gleichgewicht zu
bringen.

Jeder darf mit seinem freien Willen nachdenken, was für ihn "Tierliebe" bedeutet, und sich
dann entscheiden, ob er ein Freund oder ein Feind
der Tiere sein möchte ... Doch wahrhaft liebende
Menschen gehen mit allem Lebendigen so um, wie
sie selbst behandelt werden möchten. Für ein In-
dividuum, das Mitgefühl und Nächstenliebe lebt
und Ehrfurcht und Achtung vor dem Leben und
der Schöpfung hat, wird es unmöglich sein zu töten. Das göttliche Bewusstsein ist so stark verankert, dass dieser Mensch keinem Mitgeschöpf mehr
Leid zufügen kann. Das achtsame Empfinden und
die Ehrfurcht vor allem von Gott erschaffenen Leben schließt so etwas aus.

DIE LIEBE ZU UNSEREM IRDISCHEN PARADIES

"Ethik besteht darin,
mich verpflichtet zu fühlen,
allem Lebenden die gleiche Ehrfurcht
entgegenzubringen wie dem eigenen Leben."
Albert Schweitzer

"Macht euch die Erde untertan"... mit diesen Worten, die eine rein geistige Bedeutung haben, übergab der Schöpfer diesen wunderschönen blauen Planeten Erde mit all den Tieren und der Vegetation vertrauensvoll in unsere Obhut. Dieses irdische Paradies wurde einst mit großer Schöpferliebe bis ins kleinste Detail durchdacht und erschaffen, um dem Menschen einen schönen Aufenthaltsort für seine Schulungen zu bieten. Das prächtige Naturreich setzte sich aus Meeren, Urwäldern, Bergen, Tälern, Inseln, Flüssen und herrlichen Landschaften zusammen und entwickelte eine üppige Vegetation mit Früchten, Pflanzen, Bäumen, Gräsern, Beeren und

Wurzeln. Der Mensch erhielt die Aufgabe, sorgfältig und liebevoll für alles zu sorgen, um dieses irdische Paradies gesund und am Leben zu erhalten.

Alles lebte in friedlicher Harmonie und Vollkommenheit zusammen. Winzige pulsierende Lichtfünkchen durchfluteten die Materie und versorgten alles mit göttlicher Energie. Sichtbares und Unsichtbares wurde wahrgenommen, und alle konnten sich miteinander verständigen, denn sie waren mit der göttlichen Sprache gesegnet, die nur aus Schwingungen bestand. So war es kein Problem, sich mit der ganzen Schöpfung, mit jedem Grashalm, jedem Blatt, jedem Baum oder auch mit jedem kleinsten Blümchen liebevoll zu verständigen. Ebenso konnte man mit den Tieren, den Elementarkräften, den Wolken, dem Regen, dem Meer, dem Feuer und den Vulkanen kommunizieren. Bis zum heutigen Tage wäre es so paradiesisch weitergegangen, wenn da nicht der freie Wille des Menschen gewesen wäre.

Mutter Erde ist so liebevoll zu uns. Sie wird nicht müde, Zeitalter für Zeitalter für uns zu sorgen und Nahrung zu produzieren, damit alle Lebewesen, die sie beherbergt, satt werden. Doch die Erdenkinder erkennen in ihr weder eine Mutter noch ein lebendiges Wesen und quälen und misshandeln sie weiter. Es fehlt ihnen an Bewusstsein und dem Verständnis, dass jegliche Misshandlung und Ausbeutung der Natur auf den Menschen zurückfällt und dass es letztendlich eine Misshandlung seiner selbst ist. Die Erkrankung des lebendigen Planeten Erde zeigt sich in Gletscherschmelzen, Überschwemmungen, Sturmfluten, sich ausbreitenden Wüsten, Erdbeben und einem veränderten Klima.

Der Weg der Herzensliebe führt uns zurück zur Quelle, um zu spüren, wie es einst für uns gedacht war. Ein hilfreicher Weg ist es, sich von allem Lärm zurückzuziehen und in die Natur zu gehen, um sich mit dem lebendigen Planeten Erde zu verbinden.

Herzensliebe-Praxis
Versuche so oft es geht, in die Natur zu gehen. Sie schenkt dir viel Ruhe und Kraft.

Schaue von einem Berg hinunter auf das Tal, und genieße den Ausblick.

Spüre den Waldboden unter deinen Füßen, und höre dem Wipfelrauschen zu.

Nimm den Duft der Blumen wahr, und lausche den summenden Bienen und dem plätschernden Bach.

Umarme einen Baum. Verbinde dich mit seinen Wurzeln, die tief in die Erde reichen, und bitte ihn um seine Kraft.

Atme bewusst den Sauerstoff ein, und registriere, dass die Erde auch atmet. – Am Strand erkennt man es deutlich an den Meereswellen. Sie kommen und gehen, kommen und gehen ...

Fühle die Lebendigkeit der Natur, und erkenne in allem die großartige Schöpfung. Begreife, dass auch du die Natur bist.

Genauso wie du, so freut sich auch die Erde über liebevolle Zuwendung und Pflege.

Verbinde dich mit Mutter Erde, und danke ihr für ihren unermüdlichen Dienst. Bete für sie, und schenke ihr Heilung und deine Liebe, die sie so dringend braucht.

EINE FRIEDVOLLE WELT
ERSCHAFFEN

Der Weltfrieden beginnt im Herzen.

Die Welt ist wunderschön. Alle Menschen sind glücklich und zufrieden, haben reichlich zu essen und leben gesund in Liebe, Harmonie und Frieden in einer intakten Vegetation mit dem Tier- und Pflanzenreich zusammen. – Hört sich das nicht paradiesisch an? Wer von uns möchte nicht dort leben – in dieser zufriedenen, angstfreien, natürlichen und gesunden Welt?

Der Wunsch nach Frieden ist eine unserer tiefsten Sehnsüchte. Alle wünschen sich Frieden, und so senden wir den Wunsch in den Äther, auf dass ihn jemand hören und umsetzen möge. Wir warten auf die Erfüllung und hoffen, dass sich jemand finden möge, der das erledigt. Während der eine an den lieben Gott denkt, schiebt der andere die Verantwortung auf die Politiker. Da wird sich doch eine Person oder Organisation finden lassen, die man mit dieser großen Aufgabe beauftragen kann. Ist es nicht so? Dass wir selbst diese Person sein könnten, kommt uns nicht in den Sinn. Was sollen wir schon für den Frieden tun können? Für diese große Aufgabe fühlen wir uns zu klein und nicht mächtig genug. Und so verharren wir in Ohnmacht und warten auf den Tag X ...

Menschen, die von einer schönen, harmonischen und friedvollen Welt träumen, sollten wissen: Das Geheimnis der Veränderung schlummert in ihnen selbst. In uns beginnt das Abenteuer der Veränderung, im eigenen Herzen. Alles, was wir im Außen sichtbar werden lassen möchten, entsteht immer zuerst in unserem Inneren und manifestiert sich dann im Außen. Eine friedvolle Welt mit liebevollen Menschen soll es sein? O.k., dann erschaffe sie, indem du bei dir beginnst.

Herzensliebe-Praxis

Wann immer es in deiner äußeren Welt Streitigkeiten und Disharmonien gibt, kehre in dein Herz ein. Hier findest du Geborgenheit und Herzenswärme, Harmonie, Liebe und den göttlichen Frieden. Nimm das behagliche, wohltuende Licht des Friedens in dir auf, und fühle, wie es sich langsam in deinem Körper ausbreitet und sich dann in kreisförmigen Wellen nach außen bewegt.

Besinne dich auf die Gegenwart Christi in dir, und sage:

Ich bin der göttliche Frieden, der in meinem Herzen wohnt.

Innere Harmonie und Zufriedenheit durchdringen mein ganzes Sein.

Ich bin erfüllt von dem Licht und der Harmonie des Friedens, die ich jetzt liebevoll in mein ganzes Umfeld und zu allen Menschen aussende.

Ich bin ein friedvoller Mensch und lebe in einer friedvollen Welt.

MIT DER LEICHTIGKEIT
DES SEINS

Nichts tun – nichts denken –
einfach nur sein!

"Werdet wie die Kinder, denn ihnen gehört das Himmelreich!" – Dieser Satz aus der Bibel ist zwar einfach, doch schwer zu verstehen. Er
bedeutet: Seid einfach und fröhlich, lebt im Vertrauen und nehmt euch nicht so wichtig. Lebt im
Hier und Jetzt mit kindlicher Fröhlichkeit und Begeisterung, und erkennt die Werte, die eurem Herzen entspringen. Nehmt das Leben mit all seinen
Problemen nur halb so schwer, und erhöht durch
Begeisterung und Lebensfreude eure Schwingung.
Versprüht diese positive Lebensenergie und strahlt
sie zusammen mit einem Lächeln aus.

Das ist leichter gesagt als getan, wird der eine
oder andere jetzt denken. Und es stimmt. Denn
wenn uns unsere negativen Gefühle wie in einem
Käfig gefangen halten, drehen wir uns im Kreis

und sehen in diesem negativen Emotionschaos nichts Positives oder etwas Lichtvolles. Die Sicht ist trüb und versperrt die Aussicht auf das Licht, das am Ende des Tunnels wartet – und wir sehen auch nicht den Engel, der uns seine helfende Hand entgegenstreckt. Dabei wäre er gerade in diesem Moment so hilfreich, um uns aus dem Sorgengefängnis zu befreien.

Zum Glück gibt es Methoden und Möglichkeiten, mit denen es uns gelingt, diese trübe Stimmung in eine positive, leichtere Schwingung umzuwandeln. Der Schlüssel der Befreiung liegt in unserem Herzen, und die Entscheidung liegt in unserem Wollen. Sich für die Leichtigkeit des Seins zu entscheiden, bedeutet keinesfalls, die Schwierigkeiten des Lebens ausblenden zu wollen oder sich keine Gedanken oder Sorgen mehr zu machen. Es bedeutet lediglich, aus dem Kreislauf des negativen Gefühlsstrudels herauszutreten, um eine Schwingungserhöhung zu ermöglichen. Wir sind Seele, Geist und Körper und dürfen und sollen alle drei Aspekte auf der Erde leben. Der Körper bewegt sich in der Nähe der Erdmaterie, doch der Geist und die Seele sind feinstofflich und dürfen hüpfen und singen und dadurch höherschwingen. Um uns aus der langsam schwingenden magnetischen Erdangebundenheit und Abhängigkeit zu befreien, sind die Lockerung, die Freude und das Lachen geeignete Mittel.

Unbewusst halten wir uns jedoch immer klein und brav im niedrigen Schwingungsfeld auf. Mit einer Erhöhung der Schwingung können wir uns von dieser Schwere etwas lösen und unserem Höheren Selbst, der geistigen Welt sowie unseren Engelfreunden ein Stück entgegengehen. Dies bringt den Vorteil, dass wir die Dinge dann aus einem anderen Blickwinkel betrachten und dadurch zu einer neuen Sichtweise gelangen können. Alle Schwierigkeiten sind zwar noch vorhanden, nur jetzt nehmen wir sie anders wahr und lenken unser Leben in eine neue, in eine positive Richtung. Die erhöhte Schwingung der Fröhlichkeit und Leichtigkeit legt sich wie ein Auraschutzmantel um uns, wodurch es für Ängste und Probleme unmöglich wird, daran anzudocken. Sie können uns nicht mehr erreichen und prallen ab.

Mit der Leichtigkeit des Seins im Herzen entziehen wir also den Problemen und Ängsten die große Macht, Herrschaft über unser Leben auszuüben. In diesem erhöhten Schwingungsbereich "sehen" wir klarer, entdecken die helfende Engelhand und das Licht am Ende des Tunnels. Wir kommen der geistigen Welt ein Stück näher, die uns dadurch besser helfen kann.

Genauso wichtig, wie in der Leichtigkeit zu leben, ist es, zur Ruhe zu kommen, denn erst in der Stille finden wir zu uns. Dein Leben verläuft mitunter unruhig. Wenn die Anforderungen an dich überhandnehmen, dann denke an diesen Tipp:

In der Ruhe liegt die Kraft!
Deshalb: Bleibe ruhig, egal, was passiert,
denn auch die stärkste Birne kann kein Licht
verbreiten, wenn sie aus der Fassung ist!

In unserem spannenden Leben dürfen wir auch mal "ent-spannen" und einfach nichts tun. Gönne dir bewusst zwischendrin einen Moment der absoluten Ruhe. Schließe die Augen, und nimm nur dein Ein- und Ausatmen wahr. Mehr nicht. Nur in Ruhe ein- und ausatmen – einfach da sein und den Augenblick sowie das Nichtstun genießen. Denke dir höchstens: *Ich ruhe in meiner Mitte und tue nichts ...*

Das Trainieren des "In-die-Stille-Gehen" und "Zur-Ruhe-Kommen" hilft uns, unser Leben bewusst zu entzerren und die Gedanken zu besänftigen. Es ist zugleich eine wertvolle Unterstützung bei der Meditation.

Die Stille und Ruhe können wir auch bei einem Spaziergang in der Natur erleben. Auf einer Bank am Waldesrand sitzen und den vorüberziehenden Wolken zuschauen, die Ameisen beobachten oder nur dem Vogelgezwitscher lauschen und den Kopf von quälenden Gedanken befreien – das ist Entspannung.

Auch die Sorgen von gestern treten so in den Hintergrund.

Die Ewigkeit ist jetzt!

Was war, das ist vorbei. Was kommen wird, ist noch nicht da. Im Hier und Jetzt findet das wahre Leben statt. In diesem Augenblick treffen sich Vergangenheit und Zukunft, und die Summe aller Inkarnationen lebt in diesem Moment. Die alten Erlebnisse haben ihren Zweck erfüllt, die zukünftigen Erlebnisse sind noch nicht da. Fülle deinen Kopf nicht mit Gedanken von gestern, und mache dir heute keine Sorgen um das Morgen!

Alles, was wir wirklich wissen, ist,
dass wir jetzt in diesem Moment leben.

Keiner von uns weiß, wie das Leben weitergeht. Keiner kennt sein Ende. Nur das Jetzt – bewusst wahrgenommen – verbindet uns mit allem, was wir waren, sind und sein werden. Im jetzigen Moment können wir unser Leben verändern und neue Entscheidungen treffen – und wir sollten sofort damit beginnen. Der heutige Tag ist wunderbar dafür geeignet, die jetzige Stunde die richtige, der Augenblick ist ideal.

Ich bin die Ewigkeit,
das Licht und die Liebe
und das Leben im Hier und Jetzt.

Herzensliebe-Praxis
Ich bin die Ewigkeit und das Leben im Hier und Jetzt.

JETZT lebe ich. Und es liegt ganz an mir, was ich aus diesem wundervollen Augenblick mache.

Ich nehme bewusst meine Gedanken wahr und kann sie weise einsetzen.

In diesem Augenblick kann ich mich mit meinem freien Willen für eine Veränderung entscheiden.

Ich übernehme Verantwortung für die Schöpfung und gehe achtsam mit ihr um.

Ich liebe die Natur und fühle mich mit ihr verbunden.

Meine Liebe schenke ich den Menschen, den Tieren, den Elementarwesen, der Natur und dem Mineralreich sowie der ganzen Schöpfung.

Ich lebe bewusst in der Gegenwart des Seins und weiß, dass ich eine zeitlose Seele bin.

Mein Bewusstsein und meine Weisheit entwickeln sich durch meine Aktivierung.

Ich lebe in der Leichtigkeit des Seins und lerne spielend dazu.

Ich genieße das "Allein-Sein", denn es macht mir das "All-Eins-Sein" bewusst.

Ich bin dankbar für alles, denn alles ist Gott.

DEN HIMMEL

AUF ERDEN LEBEN

Der Aufstieg findet auf Erden statt!

Durch unsere Erinnerung und das Erwachen und Erweitern unseres Bewusstseins werden wir den brennenden Wunsch entwickeln, dieses Leben mit Begeisterung und Herzensliebe leben zu wollen. Das Unmögliche wird möglich werden, und wir können das Paradies wieder manifestieren sowie den Himmel auf Erden leben. Unsere geistigen Helfer stehen uns zur Seite und schulen uns, das Irdische mit dem Spirituellen zu verbinden, um unser Leben in die Ausgewogenheit zu bringen.

Wenn wir das Bewusstsein erlangt haben und in allem die Vollkommenheit sowie das Göttliche wahrnehmen können, dann sind wir für den so genannten Aufstieg bereit, dessen Prüfung hier auf Erden stattfindet. In dem Moment, in dem wir in Ehrgefühl vor allem Leben stehen und die Verantwortung für unsere Mitgeschöpfe und unsere

Schöpfung übernehmen, sind wir mit der All-Einheit verbunden. Nun fließt die All-Liebe durch unser Herz und strahlt als Herzensliebe in die Welt hinaus. Jetzt kann keine Trennung mehr wahrgenommen werden, sondern es wird in allem nur noch die Einheit erkannt. Wir haben göttliches Bewusstsein erlangt und nehmen wahr, dass wir alle zusammengehören – dass wir ein Organismus sind. In Dankbarkeit und Demut erkennen wir, welch Gnade und Geschenk es ist, hier auf dieser Erde leben zu dürfen. Die enge Verbindung und Anbindung an unsere Schöpferkraft löst in uns den tiefen Wunsch aus, zum Wohle allen Lebens hier auf Erden zu dienen sowie die Liebe zu leben und zu verbreiten.

Ein Herz, das mit dem ewigen Licht
und der Liebe des göttlichen Ursprungs
gespeist wird, ist in der Lage,
die Herzensliebe durch alles fließen
zu lassen und bewusst den
"Himmel auf Erden" zu leben.

*Wir kommen ohne etwas auf diese Erde,
und wir gehen von dieser Erde –
ebenfalls ohne etwas.
Alles, was wir besitzen, sind Geschenke, die
wir am Ende unseres Aufenthaltes wieder
zurücklassen müssen.*

Investiere in die Ewigkeit

Wir dürfen leben – und irgendwann dürfen wir auch sterben, um nach Hause zu gehen in unsere lichtvolle wahre Heimat, von der wir einst gestartet sind. Für dieses Leben haben wir einen grobstofflichen Körper als Leihgabe erhalten, um lernen zu können, was wir uns einst im Geistigen vorgenommen haben. Nach Beendigung unserer Schulung müssen wir unseren Körper wieder zurückgeben und auch alle irdischen Schätze zurücklassen. Alles, was wir auf dieser Erde besitzen, wurde uns nur ausgeliehen! Von der Erde können wir nichts in die geistige Welt mitnehmen, nur unsere Erfahrungen – gute Taten oder schlechte Taten – sie sind das Einzige, was uns im Feinstofflichen erhalten bleibt. Jede Handlung, jede Prüfung, jede Kleinigkeit und jede noch so kleine Tat, sei sie positiv oder negativ, werden auf unserem geistigen Lebenskonto verbucht.

Herzensliebe-Praxis

Geld anzuhäufen und Materie anzusammeln bringt Bindung und Abhängigkeit. Lass alles fließen, horte nicht und sammle nicht! Festgeld sitzt fest. Es kann nicht mehr im Energiefluss tätig sein und bringt somit Stagnation. Gib lieber den zehnten Teil weiter an arme Menschen, an spirituelle Gruppen oder an Projekte, die es dir wert sind und die dir am Herzen liegen.

Erkenne deine große Chance auf dieser Erde, und teile deine Schätze mit anderen Menschen. Erkenne, dass wir alle zusammengehören. Lass fließen, was fließen möchte, und höre nicht auf, segensreiche und gute Taten zu vollbringen!

Du darfst auch Gebrauch von deinem freien Willen machen und dein Leben mit deiner göttlichen Eigenschaft, dem Schöpfen, nach deinen Vorstellungen mit beliebigen Erfahrungen gestalten. Du darfst freiwillig dein Bewusstsein erweitern und kannst

162

weiter lernen und reifen, begreifen, lieben und mitfühlen und einen großen Schritt auf dem Weg zum
"wahren Menschen" voranschreiten.

Am Ende deines langen Weges zurück zu deiner
wahren Heimat wirst du von Licht, Liebe und
Glückseligkeit durchflutet sein. Aus deinem Herzen strahlt die Göttlichkeit, die du durch viele Inkarnationen wieder bewusst erlangt hast. Du hast
nun die Fähigkeit, auch in anderen Menschen das
Licht der Liebe sehen zu können. Gedanken werden ebenfalls sichtbar werden, und deine höher-
schwingende Frequenz ermöglicht es dir, dich
durch Telepathie zu verständigen.

WIR KÖNNEN DIE
WELT VERÄNDERN!
YES, WE CAN!

*Herzensliebe zu leben
ist die große Chance und der
eigentliche Sinn der Menschen, um
auf ihrem Erdenweg ihre Bestimmung
und Erfüllung zu leben.*

Jeder Einzelne kann die Welt verändern.
Was im Herzen beginnt, dehnt sich wie ein strahlendes Leuchtfeuer aus. Das Licht Gottes sucht sich seinen Weg und strahlt mit grenzenloser Kraft und Liebe durch das menschliche Herz hindurch zu allem, was von Gott geschaffen wurde. Dieser Bewusstseinswandel vieler Einzelner wird großartige und wunderbare Veränderungen hervorbringen.

Geld regiert die Welt – aber Liebe ist die stärkste Kraft im Universum!
Sie wird eines Tages auch unseren Planeten, der momentan vom Geld regiert wird, ganz liebevoll in ein harmonisches Gleichgewicht bringen und für Balance und Ausgleich sorgen.

Gelebte Herzensliebe
führt zu Heilung und Ausgleich
auf allen Ebenen.

In dieser Zeit werden wir Mitwirkende und Zeugen eines nie da gewesenen Umwandlungsprozesses sein. Der Alleinherrscher dieser Erde, das Geld, wird an Macht verlieren, und ein Ausgleich zwischen allen Extremen wird stattfinden. Das Feinstoffliche wird mit dem Grobstofflichen in Harmonie zusammengeführt. Menschliche Werte werden mit materiellen Werten in die Balance kommen. Die Wissenschaft wird sich mit der Spiritualität anfreunden, beschäftigen und zusammenwirken. Die Schulmedizin wird zusammen mit der Geistheilung in respektvoller, achtsamer Gleichberechtigung für den Menschen arbeiten. Herz und Verstand werden einander liebevoll respektieren, ihre Talente und Fähigkeiten erkennen und sich ihre Aufgaben geschwisterlich aufteilen.

Wir halten die Chance in unseren Händen!
Mit Gottes Licht und seiner Liebe, die durch unser Herz fließt, ist es möglich, uns selbst zu verändern – und durch uns die ganze Welt. Wir haben im Hier und Jetzt die Chance und die Möglichkeit, gute Taten zu vollbringen, die auf unserem Konto der Ewigkeit gutgeschrieben werden. Neben diesen Möglichkeiten erhalten wir in dieser weltbewegenden Zeit der Umwandlung auch die einmalige Chance, unser Bewusstsein enorm zu erweitern und die Bestimmung unseres Lebens zu erkennen, zu leben und mit Erfüllung zu vollenden.

Wahrheit und bedingungslose Liebe werden wir erfahren, wenn wir uns mit unserer Quelle der Liebe verbunden haben, wenn wir frei von allen Erwartungen, Konflikten, Abhängigkeiten und Verurteilungen sind. Diese göttliche Verbindung zu unserer Urquelle lässt das Licht und die Liebe durch unseren Kopf bis in unser Herz fließen und strahlt dann aus. Wir strahlen Licht und Liebe aus und können lieben und geben, ohne ein bestimmtes Resultat zu erhoffen. Wir lieben bedingungslos, frei von Angst und frei von Erwartungen an andere Menschen. Wir ruhen in innerem Frieden und strahlen das göttliche Licht der reinen wahren Liebe durch unsere Herzen hinaus in die Welt.

Nutzen wir dieses Erdenleben und die große Chance, zu verteilen und Gutes zu tun, und strahlen wir die stärkste Kraft des Universums, die grenzenlose Liebe, mit dem göttlichen Licht aus unseren Herzen hinaus in die Welt, damit auch unsere Erde eines Tages zu einem leuchtenden und strahlenden Stern werden kann.

*Mögen dich auf deinem Weg
der Herzensliebe
Gottes ewiges Licht,
sein Schutz, seine Liebe
und sein Segen begleiten
und dich mit grenzenloser
Glückseligkeit erfüllen.*

Gott segne dich mit Licht und Liebe!

DANKSAGUNG

Ich bin sehr dankbar und glücklich, dass mein großer Wunsch, die Herzensliebe als Buch verbreiten zu können, in Erfüllung gegangen ist.

Von ganzem Herzen möchte ich mich dafür bedanken:
- bei meinem Schutzengel und den geistigen Helfern für die liebevolle Impulsvermittlung und die Motivation zum Durchhalten und Schreiben - oft bis spät in die Nacht hinein ...,
- bei meinen Lieben, die über die Texte schauten und mir bei meinen Überlegungen hilfreich zur Seite standen ...,
- bei meinem Verlag, der durch die Veröffentlichung des Buches hilft, die Herzensliebe unter den Menschen zu verbreiten ...
- Mir selbst danke ich für meine Ausdauer und Bereitschaft, die Impulse der Herzensliebe zu verstehen und sie mit einfachen Worten umzusetzen.

Mit Licht und Liebe gesegnet überlasse ich nun das Buch seiner Bestimmung und freue mich, wenn meine Zeilen dich erreichen, berühren und vielleicht zum Nachdenken anregen.

Mit Liebe und Dankbarkeit
ΛΕΟΝΛ

www.aeona-vision.de · aeona_vision@yahoo.de

AEONA®

Herzensliebe

45 Botschaften von Herz zu Herz

Die stärkste Kraft im Universum ist die Herzensliebe – und AEONAS Herzkarten möchten an diese ursprüngliche Schöpfungsenergie erinnern. Die lichtvollen Bilder mit den liebevollen Texten öffnen und berühren die Herzen und erwecken den Wunsch, die Herzensliebe zu leben, um den Sinn und das Ziel der Menschheit zu erfüllen.

45 vierfarbige Herzkarten
ISBN 978-3-89845-184-0
€ [D] 13,90

Franziska Krattinger

Die 7 universellen Gesetze

Spielregeln für ein Leben in Vielfalt

Das Leben folgt universellen Gesetzen. Wer diese begreift, kann sich alle Lebensformen, Situationen und Realitäten erklären. Diese universellen Gesetze gelten auf allen Ebenen und in allen Bereichen. Niemand kann sich ihnen entziehen.

152 Seiten, broschiert
ISBN 978-3-89845-266-3
€ [D] 6,95

Dieses Handbuch vermittelt durch praktische Übungen und gelebte Beispiele aus dem Alltag die entscheidenden Spielregeln für ein Leben in Fülle!
Es zeigt, wie man seine Kraft am besten einsetzt, um seine Ziele stets zu erreichen. Die beschriebenen Gesetze gelten für alle – und wer sie beherrscht, ist somit Herr über seine Realität.

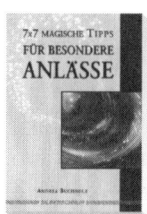

Andrea Buchholz
7x7 magische Tipps für besondere Anlässe

Haben Sie auch schon so viele Wünsche ans Universum abgeschickt, dass UPS mit einer ganzen Flotte anrücken müsste, um alle Bestellungen zu liefern? Aber leider ist bislang noch nichts angekommen? – Warum kümmern Sie sich in der Zwischenzeit nicht selbst um ein paar Wunscherfüllungen?

168 Seiten, broschiert,
mit Abbildungen
ISBN 978-3-89845-265-6
€ [D] 6,95

Lernen Sie beispielsweise Ihre Engel-DNA kennen, oder vielleicht wollen Sie auch Ihrem Eheglück auf die Sprünge helfen oder erfahren? Eines ist sicher: Ihr Leben wird in Zukunft völlig anders verlaufen, wenn Sie sich mit ganzem Herzen auf diese Tipps einlassen ...

Liane Franzani
Herzenswünsche und Herzen der Heilung

Alle Karten dieses inspirierenden Sets sind mit Herzen in den Farben der Chakren illustriert, wodurch man diese Farben in sich aufnehmen und auf den ganzen Körper wirken lassen kann. Mit den anderen Karten wählt man einen Herzenswunsch, der einen durch den Tag geleitet. Dieses wunderschöne Kartenspiel wirkt wie ein Bumerang. Es dauert nur wenige Minuten, und eine positive Veränderung wird möglich.

120 Karten in Faltschachtel · ISBN 978-3-89845-038-6 · € [D] 12,90

Elisabeth Kübler-Ross
In Liebe leben

»In Liebe leben« ist die Essenz der Erfahrungen und Erkenntnisse der weltberühmten Ärztin und Sterbeforscherin Elisabeth Kübler-Ross. Durch ihr eigenes außerkörperliches Erlebnis und die Begleitung vieler Sterbender konnte sie Millionen Menschen die Angst vor dem Tod nehmen und die Bedeutung unseres Erdenlebens vermitteln.

64 Seiten, durchg. farbig
gebunden
ISBN 978-3-89845-024-9
€ [D] 9,90

Ein lichtvolles, liebevoll illustriertes Geschenkbüchlein, das uns daran erinnert, was das Wichtigste in unserem Erdendasein ist: »In Liebe leben«.

Dr. Venice Bloodworth
Die Begrüßung der Morgendämmerung
Ein Klassiker des Positiven Denkens

Der Bestseller der bekannten amerikanischen Psychologin! Ein Buch, das auf klare und einfache Art und Weise aufzeigt, wie jeder Mensch Fortschritte machen kann, indem er unbewusst die kreative Kraft, die das Geburtsrecht eines jeden Individuums

208 Seiten, broschiert
ISBN 978-3-89845-231-1
€ [D] 11,90

ist, anwendet. Lernen Sie, Ihre mentalen Bilder und Vorstellungen zu kontrollieren sowie zu realisieren, entdecken Sie Ihr wahres Selbst und lernen Sie, sich endlich wieder zu vertrauen. Ein echtes Schlüsselbuch!

128 Seiten, broschiert,
ISBN 978-3-89845-251-9
€ [D] 6,95

G. Piegsda & J. Michel-Piegsda
Einladung zum Glücklichsein
Das Wunder der Liebe

Dass das Paradies existiert, weiß man aus den Märchen. Wie man das Paradies in sich selbst realisieren kann, weiß man nach der Lektüre dieses Buches, das mit einem Märchen beginnt, das den Leser in die Welt seiner Möglichkeiten entführt ...
Ein Buch, in dem es um die großen Fragen geht, die sich jeder Mensch stellt: Es geht um Geist und Seele, um Gott, oder was man darunter verstehen mag, um die Macht der Gedanken und der Worte, um Reinkarnation und Genetik und vor allem und immer wieder um die Liebe ...
Dieses sympathische Buch ist für Menschen gedacht, die positiv denken, handeln und lieben wollen ...

256 Seiten, broschiert
ISBN 978-3-89845-050-8
€ [D] 6,95

Elizabeth C. Prophet & P. R. Spadaro
Alchemie des Herzens
Wer mehr liebt, wird mehr geliebt

In einem Fünf-Punkte-Programm wird das Herz des Lesers allmählich in eine höhere Frequenz seiner Liebesfähigkeit geführt. Anhand von Meditationen und Affirmationen lernt er, wie er sein Herz stärkt und heilt und wie er es weiterhin vor niedrigen Schwingungen schützt, bis er schließlich ganz in sein Herz eindringt. So mit der göttlichen Liebe und seinem höheren Selbst vereint, kann er sich alle Fragen, die ihn bewegen, beantworten lassen. Dieses Buch ist im wahrsten Sinne ein Herzensjuwel, auf dem Weg zu einer höheren Liebe.

Weiterführende Informationen zu
Büchern, Autoren und den Aktivitäten
des Silberschnur Verlages erhalten Sie unter:
www.silberschnur.de

Sie können uns alternativ
die beiliegende *Postkarte* zusenden.

Ihr Interesse wird belohnt!

Interessante Diskussionen zu
den Themen des Silberschnur Verlages
finden Sie unter:
www.forum-spiritualitaet.de

*Tauschen Sie sich mit anderen Lesern
aus über Inhalte und Themen,
die Sie wirklich interessieren!*

Hier geht die Silberschnur-Welt weiter!